U0458990

你不可不知的
宝藏之谜

总策划/邢 涛　主编/龚 勋

汕头大学出版社

令人惊叹的宝藏之谜……

FOREWORD

　　宝藏，一个神秘而又充满诱惑的字眼。在这个世界上，似乎没有任何东西比它更能激起寻宝者的热血和激情，也没有哪样东西比它更能唤醒寻宝者的敬畏和贪欲。

　　为了夺取宝藏，有的人穷其一生，有的人倾家荡产，更有的人为之付出了生命的代价。但是，寻宝者的脚步从未停止过，他们前赴后继地探寻着，演绎出一个又一个非同寻常的寻宝故事，同时还为后人留下了一个又一个宝藏谜团。

　　为了让少年儿童了解地球上散落的那些宝藏，我们精心编写了本书。书中既有盖世无双的珍宝，又有精彩纷呈的寻宝故事，更有魅影憧憧的宝藏谜案，同时配以精美的图片，保证能令少年儿童大开眼界。此外，在每个故事开始前，我们还设置了两个有趣的问题作为阅读提示。而"探索与发现"的设置，更让本书增添了不少趣味性和可读性。

　　本书以通俗的语言为少年儿童搭建了一个神秘的宝藏世界，希望少年儿童在阅读中，能够有所感悟，有所判断，在思考和探索中走向未来。

CONTENTS
目录

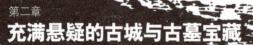

第四章
乱世辉煌的战争宝藏

第五章
耐人寻味的传奇宝藏

第一章

光彩夺目的皇室贵族宝藏

　　在漫长的人类历史中，寻宝探险一直是人们津津乐道的话题。价值连城的金银珠宝犹如热风，常常会掀起一股股的寻宝热潮。说到宝藏的拥有者，当然少不了那些"高高在上"的皇室贵族。所罗门王的宝藏、路易十六的宝藏、沙皇的500吨黄金、金碧辉煌的"琥珀屋"、圣殿骑士团的巨宝……这些皇室贵族在当时都拥有极大的权力，其下的财宝也是数之不尽。打开本章，让我们来探一探这些皇室贵族的宝藏之谜吧！

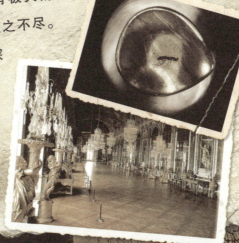

叩开所罗门宝藏之门

所罗门的宝藏藏在何处?
"约亚暗道"是否真的存在?

　　1867年，一个英国人在耶路撒冷近郊的一座早已荒废的清真寺内误入一条暗道，他最后走出来时发现自己已经来到耶路撒冷城内了！这个英国人的奇遇随即传开，全世界寻宝者立刻热血沸腾！原来，他所发现的这条秘道，极有可能是传说中金约柜和所罗门王旷世珍宝的收藏地——"约亚暗道"。

　　所罗门王是犹太民族历史上最伟大的君王。在登基后，所罗门王完成了一项大业——建造圣殿。这座圣殿长200多米，宽100多米，用了7年时间才建成，被后世称为"第一圣殿"。这座圣殿被建造得金碧辉煌，可里面没有放入任何圣像，而是放置着稀世奇珍——金约柜和刻有摩西经文

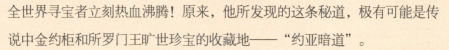

▼ 古耶路撒冷的所罗门神庙

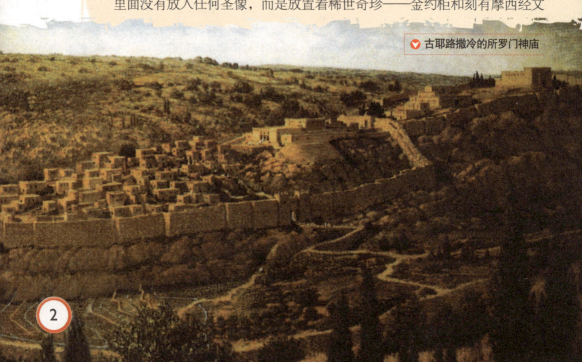

▲ 所罗门命令工匠在耶路撒冷建造圣殿

的石碑。金约柜是犹太教最为珍贵的圣物，里面装着上帝耶和华的圣谕，以及上帝授予犹太人的一套法典和教规。

所罗门圣殿建成后，远近各地的人们都前来朝拜。这些来参拜的犹太人和外邦人给所罗门王带来了无数贡品。后来，所罗门王将所有的珍奇贡品和搜刮来的金银宝物都存放在圣殿里。圣殿从建成到毁灭，历时约400年，经历了数十代君王，他们聚积了大量的金银财宝。圣殿中所有的这些奇珍异宝就是历代相传的所罗门宝藏。

多年后，新巴比伦王尼布甲尼撒二世攻占犹太国时，所罗门王的王宫和圣殿被战火付之一炬，可侵占者寻遍全城，也不见金约柜和那些财宝，它们就这样神秘地消失了。此后几千年来，无数的考古学家和寻宝者千里迢迢来到以色列和中东地区，寻访宝藏的蛛丝马迹。

据说，在公元11世纪时，来自欧洲的十字军占领了耶路撒冷后，在圣殿遗址下面的岩洞里搜寻过宝藏，但一无所获。

也不知从何时开始，大家又纷纷传言：所罗门宝藏就藏在"约亚暗道"。"约亚暗道"是一条连接圣殿并通往耶路撒冷城外的神秘通道。据说，早在尼布甲尼撒二世攻占犹太国

探索发现
DISCOVERY & EXPLORATION

亚伯拉罕巨石

亚伯拉罕巨石是一块体形较大的花岗岩石，长约17.7米，宽约13.5米。传说，伊斯兰教创始人穆罕默德就是脚踏亚伯拉罕巨石而升天的，所以它被穆斯林视为"圣石"。亚伯拉罕巨石下面有秘密洞穴，因此也被认为是藏宝地所在。

以前，犹太人就已经把金约柜和珍宝藏到暗道里去了。可暗道究竟在哪里？1867年的这一发现给寻宝者带来了希望，巨额财宝的诱惑让人们蜂拥而至，但宝藏具体藏在暗道何处，至今无人知晓。

20世纪30年代，曾有两名美国人悄悄潜入了暗道。几经探寻，他们发现了一处土质特殊的地方，两人奋力将土挖开，居然又是一处秘密暗道，一条被沙土掩埋的阶梯隐约可见。这两个人欣喜地挖起沙土，阶梯上的流沙却越来越多，最后连地道口都要被堵住了。他们只得慌忙逃出。第二天，他们再次来到这里，发现入口早已被流沙掩盖住了，只能暂时放弃。第二年，他们做好了充足的准备工作前往耶路撒冷，可他们乘坐的帆船竟然在途中突然沉没，两人也葬身海底。

直到今天，仍有许多探宝者纷纷来到这条暗道内，执着地探寻着、挖掘着，希望自己能够有幸发现那传说中的所罗门宝藏。

🔺 所罗门门像

🔻 耶路撒冷藏着许多秘密

路易十六宝藏之谜

路易十六的宝藏都藏在何处？
传说中的"泰莱马克号"被找到了吗？

法国国王路易十六的金宝是寻宝史上最著名的财宝之一。关于他的财宝，众说纷纭，莫衷一是。他的藏宝地点有好几个地方，有的甚至不在法国，而在西班牙。据说，他在行宫卢浮宫中曾埋藏着一笔价值20亿法郎的财宝，包括金币、银币和一些价值连城的文物。不过，流传最广的还是路易十六隐藏在"泰莱马克号"船上的金宝。

△ 路易十六

1790年1月3日，满载财宝的"泰莱马克号"在经塞纳河从法国里昂去英国伦敦的途中，在法国瓦尔市的基尔伯夫河下游因为被潮水冲断缆绳而沉没。据一些历史文献的记载和路易十六家仆的后裔证实，路易十六当年的确把这笔财宝藏在船上企图转移出国。据说，"泰莱马克号"沉没在基尔伯夫河下游瓦尔市灯塔前17米深的河底淤泥里。1939年，一些寻宝者声称他们已找到了"泰莱马克号"沉船的残骸，但没有确切证据表明，他们找到的就是"泰莱马克号"。要找到路易十六的金宝绝不是一件轻而易举之事。直到今天，"泰莱马克号"的下落依旧是寻宝者心中的难解之谜。

△ 路易十六妻子的肖像勋章

5

破解法王珍宝盗窃案

法王王冠上的钻石为何被人觊觎？
法王珍宝究竟被什么人盗走了？

1789年，法国爆发资产阶级革命以后，法国国王路易十六和王室成员逃到法奥边境瓦伦。两天后，他们被激情昂扬的群众押回巴黎，历时1500多年的法国封建王朝从此崩溃。法国王室的财产接收工作也被提到议事日程。几天之后，法国制宪议会的一位议员向公众发出警告：国内外的敌人都试图夺取王冠上的钻石。

◢ 历代法王不知用了多少漂亮的珠宝来装饰王冠

所有人都知道，法国国王王冠上镶嵌了世界上最美丽的钻石和珠宝，历代国王都为能在王冠上添加新的珠宝而感到荣幸。这些稀世珍宝被

◢ 法国制宪议会开会场景

6

保存在珍宝贮藏室里。自从路易十六执政以来，这些珍宝就由忠诚可靠的克雷西看管。

在议员的警告下，制宪议会组成了专门委员会，负责清点法国王室的稀世珍宝。3个月后，他们共清点出钻石9547颗，总价值达3000多万法郎。此后，每个星期一，人们都可以前去参观这些珍宝。

负责看管珍宝的克雷西对此小心翼翼，他怕不法之徒乘机偷走珍宝。可是不知为什么，忠实的克雷西却突然被撤职

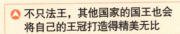

▲ 不只法王，其他国家的国王也会将自己的王冠打造得精美无比

了，继任者是吉伦特派领袖罗兰的心腹——警察分局局长塞尔让。

1792年9月，路易十六因阴谋复辟而被废黜，珍宝贮藏室被贴上了封条，但没有人看守这些奇珍异宝。9月17日，内务大臣罗兰在国民议会上突然宣布："珍宝贮藏室大门被撬，钻石全部丢失！"

据称，自9月11日深夜至14日深夜，劫匪3次光顾珍宝贮藏室，无人觉察。15日早晨，巴黎街头出现了低价钻石，这才引起人们的注意。而负责此案侦破工作的塞尔让只是到现场察看了一番，并未做任何调查。16日，盗匪第4次"光临"时，被国民自卫军巡逻队抓获。至此，罗兰才于17日宣布珍宝被盗。

这起骇人听闻的盗窃案，确实令人深思，引起人们一系列疑问：为什么议会议员会事先发出珍宝被盗的警告？为什么忠实可靠的克雷西被撤职？为什么不派人看守珍宝贮藏室？为什么警察局局

▲ 法国大革命令法国封建王朝土崩瓦解，也令法王的珍宝陷入重重迷雾之中

长对此案十分冷淡？为什么会连续发生四次盗窃案？谁是幕后策划者？

盗窃案发生后，内务大臣罗兰和国防大臣丹东互相指控对方。几天后，刑事法庭判处两名盗贼死刑，次日执行。在囚车上，囚犯向庭长供出了藏在他家厕所的一袋钻石，共100多颗。不久，塞尔让收到一封匿名信，指出在弗夫大街的阴沟里有大堆珍宝。塞尔让前去取宝，并将一件玛瑙工艺品据为己有。不久，警察又逮住了一个名叫勒图的罪犯，他供出一个年仅17岁的盗贼。警察前去逮捕这个年轻人时，年轻人的父亲愤怒地宣称要揭发一桩耸人听闻的大案。但奇怪的是，第二天早上，这位父亲被人毒死，他的儿子也死在了监狱中。这一连串的事情都使人莫名其妙。

当时，法国外部面临欧洲联盟的入侵；国内山岳派与吉伦特派争斗激烈，到处是失业与饥荒、恐怖与暗杀。而扭转这一切的，是瓦尔密战役的胜利，拿破仑成了拯救巴黎和法兰西民族的英雄。

人们只知道拿破仑指挥瓦尔密战役并取得了胜利，然而，很多历史学家和军事指挥家都对这场战役提出质疑：当时欧洲联盟军队只遭到轻微的损失，就立即撤退了，这里面大有文章。从战略上讲，敌方指挥官不应发布撤退命令，拿破仑当时的一系列举动也让人无法理解。因此有人怀疑，在战线后方极有可能进行了某种交易。

事实上，就在罗兰宣布珍宝贮藏室被盗一周之后，普鲁士和法国举行了瓦尔密会议，于是出现了瓦尔密战役的神秘胜利。有人认为，国防大臣丹东秘密策划了9月11日夜间的入室盗窃行动，然后让普通盗贼进行后面几次的偷盗，以便把事情

与巴
探索发现
DISCOVERY & EXPLORATION

山岳派和吉伦特派

山岳派和吉伦特派都是法国大革命期间国民公会的议员集团。山岳派比较激进，吉伦特派则比较温和。山岳派将吉伦特派赶出去后曾在政坛占据主导，后因热月反动事件，逐渐走向式微。

搅乱。那么，丹东背后是否有靠山？后来发生的一件奇案，让这一谜案更加扑朔迷离。

1805年，一伙制造假钞票的罪犯被判处死刑，其中有个叫巴巴的罪犯公开说道："如果我被判死刑，我将请求拿破仑皇帝的宽恕。因为，没有我就没有拿破仑的皇位！"法官和观众都被这惊天之言吓呆了。可巴巴又说："我就是法王珍宝贮藏室的盗匪之一。先生们，当年拿破仑为了得到急需的资金，把这笔珍宝典押给了荷兰政府。"最后，巴巴没有被处死，而是关在比塞特尔，受到了良好的待遇。那么，他的这番意味深长的话是真是假呢？这又是一个难解之谜。

△ 谁也不知道拿破仑在法王珍宝盗窃一案中扮演着什么角色

▽ 古老的宫殿等着人们去破解谜题

英王惊世珠宝大揭秘

> "库利南"是什么样的钻石？
> 英国王室珠宝被清算出来了吗？

▶ 英王的权杖

作为世界上最古老和最尊贵的王室之一，英国王室拥有着数量和价值最为可观的家传稀世珍宝。

1648年，英国爆发的反王权运动对英国王室冲击极大，很多珍贵王冠和权杖都流失了。1660年，英国王室复辟以后，又开始大规模地重新制作王冠和权杖。从那时起，很多稀世珍品都被保存了下来。到了18世纪，英国王室有了专用的珠宝工匠，他们用非凡的技艺制作出最精美的首饰。在所有的饰品中，王冠和权杖是最令英国王室花费心思的。为了使它们成为世界上独一无二的权力的象征，英国历代王室都在想尽办法收集钻石和珠宝，尤其是稀世的钻石。

探索发现
DISCOVERY & EXPLORATION

英国王室的趣事

1830年，英国国王威廉四世在加冕典礼上，为了向全世界显示自己的高贵，下令把王宫里所有的宝石都镶嵌在王冠上。结果，威廉四世的脖子被沉重的王冠压得受不了，不得不匆匆结束了典礼。

1905年，一个没有任何标志的普通邮包被寄送到了英国白金汉宫，里面是送给英国国王爱德华七世的生日礼物——钻石"库利南"。"库利南"纯净透明，有着淡蓝的色调，堪称最佳品级的钻石，同时它还是世界上已发现的最大的钻石。随后，"库利南"被送到当时琢磨钻石最权威的城市——荷兰阿姆斯特丹市名声赫赫的珠宝公司约·阿斯查尔公司加工。公司的头号工匠约·阿斯查尔亲自出马，对"库利南"研究了几个星期，考虑该如何开石。开石成功后，公司派出3名熟练的工匠进行琢磨，他们用了8个多月的时间，每天工作14个小时才完成，最后一共琢磨成9粒大钻石和96粒小钻石。最大的一粒名叫"非洲之星Ⅰ"，镶在了英王的权杖上。第二大的一粒叫作"非洲之星Ⅱ"，镶在了英王的王冠上。

当然，这些稀世钻石只是英国王室珍宝库中的一隅。据说，英国王室拥有22599件宝石和宝器。20世纪80年代，时任英国首相的撒切尔夫人曾派了一个由会计师、宝石专家、历史学家和金石学家组成的清查小组对英国王室珠宝进行清查，清查小组历经15年才完成这项工作。但直到今天，这个清查小组也没有彻底算清英国王室珠宝的具体数目。如今，这些稀世珠宝早已淡出人们的视线。或许只有在王室婚礼、国王加冕等仪式上，人们才有机会一睹部分珍品的华彩。

❤ 豪华的白金汉宫为英国王室的府邸

沙皇500吨黄金之谜

沙皇的500吨黄金是在哪里失踪的？
西伯利亚大铁路旁真的藏有沙皇的黄金吗？

俄国"十月革命"胜利之后，沙俄海军上将阿里克塞于1919年11月13日率领一支部队，护送着一列28节车厢的装甲列车，从鄂木斯克沿西伯利亚大铁路向中国东北边境撤退。在这趟列车上，装载着沙皇的500吨黄金。这队人马经过3个月的艰难跋涉，来到了贝加尔湖畔。由于附近的铁路已被彻底破坏，部队只好改乘雪橇穿过贝加尔湖去中国边境。500吨黄金也被装上了雪橇，不幸的是，贝加尔湖面上的冰突然出现了裂缝。据说，阿里克塞的部队和500吨黄金全都沉入了100多米深的湖底。

🔺 俄国沙皇的皇冠、金球及权杖

18年以后，一个住在美国的沙俄军官斯拉夫·贝克达诺夫提到了这批黄金财宝的下落。他说："沙皇的这批财宝并没有沉入贝加尔湖，早在大部队抵达伊尔库茨克之前就已经被转移并秘密埋藏了起来。当时我跟一个名叫德兰柯维奇的军官奉命指挥了这次埋藏黄金的

探索发现
DISCOVERY & EXPLORATION

生物众多的贝加尔湖

贝加尔湖位于俄罗斯中西伯利亚高原的南部，湖里生活着1200多种动物，生长着600多种植物，其中藓虫类、水螅、长臂虾等700多种动物为特有物种，因此堪称是世界上拥有濒危特有物种最多的淡水湖。

行动。我俩带上45个士兵，把它们埋在了一座已倒塌的教堂的地下室里。事后，我们把这45名士兵统统枪决了。在返回的路上，我发现德兰柯维奇想暗算我，就开枪把他打死了。我成了现在唯一掌握黄金财宝秘密的人。"1959年，贝克达诺夫曾利用一次大赦的机会回国，并在马格尼托哥尔斯克碰上了他的美国朋友史密斯。史密斯建议与他共同去寻找当年沙皇的财宝，于是他们和一个名叫达妮娅的姑娘一起来到了西伯利亚大铁路旁的藏宝地，在原教堂的地下室里找到了沙皇黄金，并取走了部分黄金。可就在他们开着吉普车闯过格鲁吉亚边境时，突然一阵密集的子弹扫来，贝克达诺夫被当场打死，而史密斯和达妮娅则扔下车子和黄金，惊恐万分地逃了出来。如今，这批黄金财宝又断了线索，再次成为一个谜。

◀ 价值连城的黄金　　◀ 西伯利亚的大铁路下埋藏着许多秘密

流离奇珍"琥珀屋"

"琥珀屋"是座怎样的屋子？

"琥珀屋"在托普利茨湖底吗？

1709年，一贯奢华无度的普鲁士国王腓特烈一世突发奇想，在柏林郊外波茨坦王宫建造了一间奢华的"琥珀屋"。传说，琥珀是美人鱼的眼泪，每一颗都要历时千万年才能形成，晶莹剔透、色泽娇艳，极少数的珍品中还会包含一些昆虫、种子或者树叶，在当时比黄金还要贵上12倍。

1716年，腓特烈一世为了与俄国结盟，将"琥珀屋"送给了来访的彼得大帝。彼得大帝病逝后，继位的叶卡捷琳娜女皇又对"琥珀屋"加以扩整。完工时，这座玲珑剔透且十分名贵的屋子共用了6吨琥珀，占地55平方米，房间内的12块护壁镶板和12个柱脚全用琥珀制作，上面饰满了奇特的人物画像、花环、郁金香、玫瑰、贝壳、刺绣组合图案和贝壳纹饰，并配有各种钻石、绿宝石和红宝石，在灯光的照耀

🔺 彼得大帝

探索发现
DISCOVERY & EXPLORATION

"琥珀屋"的重建

1979年，苏联政府派请30名顶级专家对"琥珀屋"进行重建。为了重现"琥珀屋"当年的异彩，专家们用放大镜仔细观察"琥珀屋"的老照片，辨识当年所使用的材料、技术，终于在2003年，让这座"琥珀屋"重现人间。

下光彩夺目、富丽堂皇。大厅完工的那天，500多支巨大的蜡烛点亮了这座美丽的圣殿，烛光映照在珠宝上，流光四射，天空圆月溢晖，置身于"琥珀屋"中，令人目眩神迷，如梦如幻，不知是人间还是天宫。

然而好景不长，1941年，苏德战争爆发了。德军火速前进，直抵列宁格勒（即圣彼得堡）城下。当时的工匠本打算用纱和假墙纸把"琥珀屋"遮盖起来。但这没有瞒过德国人的眼睛，"琥珀屋"最终落入德军手中。他们将"琥珀屋"整个拆下来，装进27个柳条箱中，转移到了德国哥尼斯堡的琥珀博物馆。

1945年初，反攻的前苏军包围了哥尼斯堡。4月，前苏军开始攻城。当街巷内战斗正酣之时，一群文物专家疯狂地寻找"琥珀屋"，却一无所获，"琥珀屋"就像凭空消失了一样。由此，一场旷日持久的寻宝之旅拉开了序幕。

◢ 没有人知道神秘的湖底是否真的有"琥珀屋"

◤ 曾经的"琥珀屋"就在圣彼得堡

　　德国文件中最后一次提到"琥珀屋"是在1945年1月12日，文件中说"琥珀屋"将被运往萨克森。监管运送的是哥尼斯堡博物馆馆长、德国文物专家阿尔弗雷德·罗德博士。哥尼斯堡被攻破后，罗德博士被前苏军逮捕，但是罗德博士和他的妻子在即将受审的当天早晨突然"病故"了，两人的死相非常恐怖，官方宣布的死因是赤痢。就在罗德死的同一天，罗德夫妇的验尸医生保罗·厄德曼也神秘地消失了。罗德的死让"琥珀屋"成了一个旷世难解的谜。

　　由于哥尼斯堡被围之时，海上是唯一通往外界的通道，所以人们都猜测"琥珀屋"是否被从海上偷运了出去。50多年后，一名当年的目击者提供了线索：在1945年1月末，一艘船首标注"W·古斯特洛夫"的船靠港，纳粹士兵设下重重警戒线，将一些巨大狭长的装载箱装上了船。目击者提到了一个细节，这艘船是以著名客轮"威廉·古斯特洛夫号"命名的，唯一的区别是它把"威廉"缩写了。这艘船上装的是什么？是"琥珀屋"吗？有关方面立刻对沉没在波罗的海的"威廉·古斯特洛夫号"进行

● 俄罗斯琥珀厅

搜寻，为了进入内舱，搜查队甚至使用了爆破措施，但一无所获。

如果这两艘船不是同一艘，那么"W·古斯特洛夫号"究竟在哪里？它也在战火中被狂虐的大海吞噬了吗？

为了寻找"琥珀屋"的下落，许多文物专家们和猎宝者们都绞尽脑汁地寻找。人们提出了种种设想，但"琥珀屋"至今也没现身。它是在哥尼斯堡遭到轰炸时被炸毁了，被前苏军士兵破坏了，还是被某些纳粹高级军官藏了起来？

一些历史学家相信，"琥珀屋"被纳粹藏了起来，纳粹德军显然梦想在击败盟军后，重新取出这些财宝。近些年来，越来越多的历史

▲ 精致的琥珀

专家和寻宝猎人们都相信，纳粹可能将从圣彼得堡劫掠来的财宝——包括被拆整为零的"琥珀屋"，全都沉到了奥地利中部阿尔卑斯山脉中的托普利茨湖底！在这稀世珍宝的诱惑下，曾有许多探险队来到这片湖泊中寻觅，无数人在这里神秘死去。于是，奥地利政府发布了针对到托普利茨湖私自潜水的禁令：任何人未获政府特别许可，禁止到湖中潜水探险。

如今，二战的烟火早已熄灭，当年在哥尼斯堡港口发生的一切都已经烟消云散，"琥珀屋"究竟早已毁于战火之中，还是仍然藏在世界上的某个角落里，等待着人们的发现呢？这着实让人浮想联翩。

匈奴王遗宝追踪录

阿提拉究竟是谁？
匈奴王的宝藏被发现了吗？

欧亚大陆上曾经出现过一个剽悍善战的民族——匈奴，自公元370年匈奴人侵入欧洲东南部起，在70余年间匈奴便将铁蹄踏遍几乎整个欧洲。而入侵欧洲的匈奴王是阿提拉，被看作是匈奴最伟大的统治者。

公元443年，阿提拉发起进攻，击溃了东罗马帝国的主力军，兵锋指向君士坦丁堡。东罗马帝国万般无奈之下与阿提拉订立和约，被迫支付近3吨黄金，并将每年要缴纳的贡金增加两倍以上，即以后每年向匈奴人纳贡将近1吨的黄金。

在连年征战中，阿提拉每踏平一座城市，都要抢掠大批金银财宝。

阿提拉率领军队攻打古罗马

到公元5世纪中叶，匈奴帝国横跨亚欧大陆并成为当时世界上最豪富的大帝国，匈奴王阿提拉也成为世界上拥有最大权势与最多财富的人。据统计，仅东罗马上贡给匈奴王的黄金就达数吨之多。

由于匈奴人一直保持着游牧民族的习惯，不事建筑，没有更多的开支，而阿提拉又有收藏珍宝的嗜好，因此匈奴人从各地掠夺来的金银珍宝大多保持着原有的形态，"匈奴王的宝库"早已是闻名于世的一笔巨大财富。然而，公元453年，阿提拉与一位年轻漂亮的日耳曼少女举行了盛大的婚礼，当晚，阿提拉醉醺醺地带着新娘入了洞房。第二天清晨，人们却发现他已经死了，而那位可怜的新娘哆嗦着蜷缩在床角。至于到底是中毒、旧疾复发，还是另有他因，谜底只有留待历史学家解开了。阿提拉死后，匈奴人对其实行秘葬，并把所有参与埋葬阿提拉遗体和宝藏的工人全部处

▲ 英勇善战的匈奴人

死。因此，没有人知道阿提拉的坟墓和巨额的珍宝藏在哪里。况且，阿提拉厉行严酷的专制制度，他的珍宝除他本人和极少数亲信之外，根本无人敢过问，更无人知晓其所在。

此后，匈奴帝国一蹶不振，渐渐沦落灭亡，但是一个有关阿提拉的陵墓和宝藏的故事却渐渐流传开来。人们传说，在东欧平原的某个不为人知的偏僻山区里，隐藏着阿提拉的秘密墓穴，而举世闻名的匈奴王的宝藏，就埋藏在那地下墓穴之中。

探索**发现**与
DISCOVERY & EXPLORATION

"上帝之鞭"

据历史记载，阿提拉为人狡诈，野心勃勃，其残暴凶狠程度使整个欧洲为之颤抖。他的骑兵杀到哪里，哪里就要血流成河。因此，欧洲人将阿提拉和他的军队称为"上帝之鞭"。

诡秘的圣殿骑士团巨宝

圣殿骑士团是一个什么样的组织?
阿尔日尼城堡中是否藏有宝藏?

圣殿骑士团成立于公元12世纪初期,其公开目标是保护前往耶路撒冷的朝圣者。在很长的一段时间内,圣殿骑士团成了基督教王国里最富有和最强大的组织。

也正是由于巨大的财富和权力,圣殿骑士团结下了一个可怕的敌人——法兰西国王菲利普四世。菲利普四世一方面惧怕圣殿骑士团的军事力量,一方面又嫉妒他们的巨大财富。1307年,他下令逮捕法国境内的所有圣殿骑士团成员,企图没收他们的财富。

▲ 记录着圣殿骑士财宝的书册

传说,圣殿骑士团大祭司莫莱在被处死之前,紧急约见了自己的侄子——博热伯爵。他告诉伯爵:"在前任大祭司墓穴入口的祭坛上有两根大柱子,里面藏着圣殿骑士团积蓄的巨额财宝。此外,墓穴内

◀ 中世纪时期,骑士有着数不清的城堡

▲ 在十字军东征时，圣殿骑士团发挥了重大作用

还珍藏着圣殿骑士团的珍贵文件，通过这些文件可以找到许多圣物和珍宝，包括耶路撒冷历代国王的王冠、所罗门的7根烛台和4部有圣·塞皮尔克勒插图的金福音书。"

莫莱大祭司被处死后，博热伯爵请求国王准许他把莫莱的尸体另葬他处，国王同意了他的请求。于是，博热伯爵趁机从墓穴内取出了大量的黄金、白银和宝石，并将它们转移到了安全的地方。

有关这批巨额财宝的下落，至今仍众说纷纭。1952年，考古学家和密码学家克拉齐阿夫人声称："我深信圣殿骑士团的财宝就在阿尔日尼城堡。"阿尔日尼城堡在法国罗纳省朗泰市管辖区里，当地流传着许多有关圣殿骑士团宝藏的传说。根据已经发现的圣殿骑士团神秘符号，克拉齐阿夫人指出，城堡塔楼上有8扇又小又高的三叶形窗户，其中有一扇窗户被用水泥黏合的石头堵塞，必须开通这扇窗户，并在6月24日这一天的下午2点至3点之间，观察射进这扇窗户的光线束，而这束神秘光束可能将照射在一块会显示出具有决定性符号的石头上，这将是打开圣殿骑士团秘密宝藏的钥匙。

那么，圣殿骑士团的财宝是否藏在城堡内呢？对于克拉齐阿夫人提出的实验要求，阿尔日尼城堡的主人表示拒绝，只把种种猜测留给世人去谈论、想象和回味。

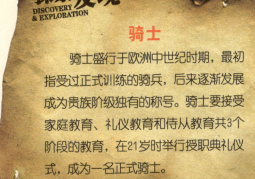

探索发现
DISCOVERY & EXPLORATION

骑士

骑士盛行于欧洲中世纪时期，最初指受过正式训练的骑兵，后来逐渐发展成为贵族阶级独有的称号。骑士要接受家庭教育、礼仪教育和侍从教育共3个阶段的教育，在21岁时举行授职典礼仪式，成为一名正式骑士。

日本第一金库赤城山

赤城山的宝藏是哪里来的？
赤城山的宝藏被挖出来了吗？

▲ 德川幕府时期的
贵族少女与侍女

　　1866年，正值日本幕府统治即将覆灭之际，赤城山附近突然出现30名武士，负责监督70多名雇工运来的22只油桶和20捆重物。这件秘密工作进行了将近一年，完工后大部分人都被杀害。据调查，他们所藏匿的这批东西，就是德川幕府的军费储备400万两黄金。

　　1868年，赤城山的藏金事件随着幕府的垮台而失去线索。知情人中岛藏人临终前告诉义子水野智义，赤城山的藏金与水井有关。从此，水野一家开始了几代人的寻宝之旅。他们先后在一口水井和一座寺庙地基下挖出了德川家的纯金雕像和似乎是藏宝图的铜板，后来又发现了一只人造巨龟，龟脑袋下的洞内岩层呈五彩色。但是他们开掘了近22千米的坑道，却依然没有任何实质性进展。近年来有人用金属探测器探测所挖坑道，发现有高度金属反应，只是地质疏松，难以开挖。看来赤城山宝藏之谜短时间内还不能揭开。

▶ 德川幕府时期所建
的城堡

[第二章]

充满悬疑的古城与古墓宝藏

在漫长的人类历史长河中，有关古城与古墓的宝藏谜团是最为神秘的。《荷马史诗》中的特洛伊城、塞西亚的"黄金谷"、图坦卡蒙的"死神"翅膀、罗本古拉的珍宝诅咒、西潘王陵内的盗影、隋代女童的豪华葬礼……它们记录着那古老的社会，展现了光辉灿烂的古代文明，印证了那些或青史留名或默默无闻的历史人物。打开本章，让我们一起走进那充满悬疑的古城与古墓，去触摸古人的灵魂，感受先民们的智慧吧！

特洛伊金宝发掘录

特洛伊宝藏是由谁发现的？

特洛伊宝藏的归属问题解决了吗？

装饰有描绘荷马史诗图案的罐子

大约在公元前11世纪到公元前6世纪，古希腊诞生了两部以特洛伊战争为背景的史诗——《伊利亚特》和《奥德赛》。作者名叫荷马，一个盲人诗人，因此后人把这两部史诗统称为荷马史诗。3000多年来，荷马史诗的艺术魅力吸引了众多崇拜者，其中德国人施利曼就对荷马史诗中的特洛伊充满了憧憬，发誓一定要寻找到特洛伊古城的遗址。为了能够阅读荷马史诗的原文，年过30的施利曼开始学习希腊语。到40岁出头时，他认为自己挣的钱已足够维持寻找特洛伊古城的费用，就提前宣布退休。

特洛伊遗址

1870年，47岁的施利曼带着他的新婚妻子千里迢迢来到土耳其的特洛伊平原。他手持荷马史诗，拿着放大镜逐字逐句地读了不知多少遍，再加上经过长时间的实地勘察，最后确定一个名叫希沙立克的小丘作为挖掘地点。

功夫不负有心人，经过3年的努力，施利曼在这里挖掘出了层层叠叠的古城遗址。其中倒数第二层古城，有着厚实的城墙和高耸的城门，城内有一处昔日甚为可观的宅院，城墙上也有大火焚烧的痕迹。所有这一切，使施利曼断定这就是他寻找的特洛伊城，那座宅院也就是特洛伊国王普里阿摩斯的王宫。施利曼认定普里阿摩斯国王的宝库即将呈现在世人面前，可他几乎挖空了古城，却从未发现一块金子。身心疲惫的施利曼准备停止希沙立克的挖掘工作。

1873年6月14日，施利曼和工人们来到工地，准备做最后一次的努力。突然，施利曼被废墟层中一个形状特别的器物所吸引，因为那件东西后面似乎有光在闪烁。施利曼意识到，那一定是金子。他抑制住内心的激动，让妻子告诉工人们，今天是施利曼的生日，所以提前收工。工人们散去后，施利曼用手拨开层层灰烬，土层里闪现出了象牙的光泽和金子的光芒。施利曼一件一件地把金银财宝取了出来，包裹在妻子的披肩中，悄悄带回了住处。

回到住处后，两人仔细地审视起这些宝物来。这些宝物相当丰富，有各种金银器皿、黄金饰物和青铜制的匕首、箭和斧子等，其中最引人注目的是两顶华丽的金冠。大的那顶由16353块金片金箔组成，还有一串精致的项链，可以围绕在佩戴者头上，并且悬吊着70

探索发现
DISCOVERY & EXPLORATION

木马计

据荷马史诗记载，古希腊人攻打特洛伊，历时多年也没有结果。最后，古希腊人采用奥德修斯的计策，以木马计攻入特洛伊，并将特洛伊城掠夺一空。

根短链子和16根长链子，每根以心形的金片组成，短链子上的流苏垂在佩戴者的额前，长链子下垂到佩戴者的双肩。另一顶金冠类似前一顶，但链子吊在金叶带上，侧边的链子较短，只遮盖双鬓。两顶金冠的制作技艺精美绝伦。另外还有6只金镯、1只重约601克的高脚金杯、1只高脚琥

🔺 荷马吟诵《荷马史诗》的情景

珀金杯、1件装有60只金耳环的大银制器皿、8700个式样不一的金制物件，以及银、铜的花瓶与青铜武器。施利曼喜极而泣，他觉得自己的梦想终于实现了。

宝藏的发现，让人们相信荷马史诗中的特洛伊城并非虚幻的传说，但也给施利曼带来了麻烦，土耳其政府要求施利曼归还宝藏。最后，施利曼把它们送到德国。但在二战期间，特洛伊珍宝下落不明。1993年，德国政府宣布，珍宝被转移到了莫斯科。

由于土耳其、希腊、德国和俄罗斯在这批宝藏的所有权上展开了激烈地争论，特洛伊珍宝直至1996年才在莫斯科展出，这是宝藏出土后的首次公开亮相。而关于这批宝藏的所有权归属问题，仍然没有得到解决。

◀ 后人制作的特洛伊木马

泰国班清的惊天宝藏

班清地处何处?
班清是世界古文明之一吗?

在泰国东北部呵叻高原上有一个小镇，名叫班清，多年来一直鲜为人知。但自从人们在其地下发现了一片埋葬有大量青铜器的史前墓地后，这座小镇便吸引了全世界的目光。

1966年，美国驻泰国大使的儿子斯蒂芬·扬来到班清，在路过一个筑路工地时，看到许多被推土机挖出的破损陶器。他被上面的图案所吸引，就

△ 中国商代的青铜器

捡了一个美丽的陶罐带给泰国的婵荷公主玩赏。此陶罐虽然已经破损，但在浅黄色的底色上，有着艺术家随心所欲一挥而就的深红色图案，也有经过精心构思的精确的几何图案。这种色彩搭配不但抢眼，而且赏心悦目，再加上美丽的图案，使陶器具有强烈的艺术感染力。另外，婵荷公主注意到，这种图案不同于泰国已发现的任何一种，倒是有几分像古希腊的陶器图案。这太奇怪了！

这位酷爱艺术的公主出于对文物的敏感，亲自去了一趟班清。她挨家挨户搜集文物，最后不仅带回了大量的陶器，还有不少的

◁ 碎掉的陶器记载着班清的文明

青铜制品。

这些陶器形状各异，最令人惊叹的是一些颈部只有一根筷子粗的高花瓶，即使是用现代技术也很难做成那般精巧。古人究竟是怎样做到的？还有一些粗矮的大缸，上面绘有精致的图案，给人一种强烈的视觉感。

▲ 班清小镇上的人们很喜欢做陶器

婵荷公主将陶器全部拍成照片并编印成册向国外发行，顿时轰动了整个世界。因为，在亚洲的其他地方从未出土过这样精美的同时代陶器，泰国怎么会有这么古老的陶器？

经测定，班清陶器的制造年代几乎和两河文明的年代一样久远。这简直令人难以相信！因为，学术界一般认为，泰国的可考历史至多有1500年。难道，班清曾是世界古文明的摇篮之一？东南亚是一个向外流淌的文化源泉？

▼ 呵叻地区拥有班清遗址

探索发现
DISCOVERY & EXPLORATION

青铜时代

青铜器这种器物是以青铜，即红铜与锡、铅等合金为原料制作。以青铜器为标志的人类物质文化发展阶段被称为青铜时代。在世界范围内，青铜时代大约从公元前4000年到公元初年。我国的青铜时代大体在夏朝、商朝、西周及春秋时期。

1974年，在联合国的资助下，班清古墓葬挖掘工作开始了。当挖到5米深时，一种令考古者梦寐以求的土层出现了：这是界线分明的6层墓葬，最深的一层是公元前4000年的，最浅的一层也可追溯到公元前250年。

到1986年，工作组挖出了各种文物18吨，其中有大量的青铜器和金银装饰品。

最新的研究显示，早在公元前3000多年，当世界各地的文明先发者开始农耕，有了制作石器的技术时，班清人却早已开始用难以想象的几何图案点缀手镯、项链、兵器、工具和陶器了。这是一个辉煌的文明，但为什么史书上没有任何记载呢？这个曾经无比灿烂的文明之光怎会突然熄灭？……看来，解答这些疑问还需要很长时间。

班清的诱人宝藏虽然不会说话，却具有说服力，因为它们证明这里存在过一个举世无双的文明。

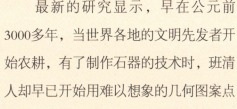

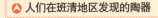
▲ 人们在班清地区发现的陶器

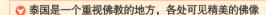
▼ 泰国是一个重视佛教的地方，各处可见精美的佛像

藏金石头城——"大津巴布韦"

大津巴布韦遗址的墙是由什么制成的？
俄斐是一个黄金之城吗？

1871年9月4日，一个疲劳的探险者在非洲中南部高原上的一个牧人家里过了一夜。这个牧人家所在的地方就在津巴布韦境内。旅行者是一个德国人，名叫卡尔·莫克。

第二天一大早，卡尔便起程了。沿着崎岖的小路攀行了几个小时之后，他来到了一个巨大建筑物

▲ 大津巴布韦出土的中国彩绘瓷碗

的遗址，当地人称之为"大津巴布韦"。使他感到吃惊的是，这些墙和这座塔竟是石板砌成的；石板切割得如此精确，镶嵌得天衣无缝，没有任何泥浆和石灰黏合的痕迹。

卡尔深信，他已经奇迹般地发现了《圣经》中记载的盛产黄金和宝石的城——俄斐！

数个世纪以来，人们一直想知道俄斐城的准确位置，那是传说中示巴女王的家！而根据《圣经》中《列王纪》上的记载，俄斐的金矿就是所罗门王难以置信的财富的源泉。

《圣经》上说过，示巴女王曾经到过所罗门王的宫殿，所罗门王用黎巴嫩的檀香木建筑他的宫殿。卡尔发现，废墟建筑物的

▼ 大津巴布韦遗址

石头废墟见证了大津巴布韦的文明

大门所用的就是檀香木。卡尔认为，这一定是示巴女王模仿所罗门王的宫殿建造的！但是除此之外，他并没有发现任何宝藏遗迹。

在后来的数十年间，卡尔发现的这个小山丘废墟成为考古学上的一个热门话题。一批又一批的考古学家和企图搜寻黄金宝藏及古物的人，曾千方百计地探查，却始终无法找到关于黄金宝藏的任何线索和踪迹，都是乘兴而来，败兴而归。

事实上，那整座石头城到底是谁建造的？是用来做什么的？人们至今也没能弄明白。有人说这是一个消失了的帝国的皇宫，有人说这是宗教场所，但也有人认为这是古代人开采、提炼黄金的地方。由于这些石头建筑上没有文字，历史上也没有记载，种种说法都不过是人们的推测和设想。但是，有一点可以肯定，"大津巴布韦"是历史上已经湮没的一个帝国的遗迹，是古代非洲文明的杰出代表。

津巴布韦鸟

与巴
探索发现
DISCOVERY & EXPLORATION

津巴布韦鸟

津巴布韦鸟并非真实的鸟，是古代津巴布韦马克兰加人所敬奉的一种神鸟。相传，津巴布韦鸟的头像鸽子，身子宛如鹰，脖颈高挺，双翅紧紧合拢。津巴布韦鸟是在津巴布韦石头城的遗址中所发现的，是非常珍贵的文物。

赛西亚"黄金谷"

赛西亚的领袖埋葬在什么地方？
赛西亚人最喜欢制作什么样的制品？

公元前5世纪中叶，在欧洲东部和亚洲中西部的茫茫大草原上，有个能骑善射的"黄金"民族曾称霸一时，他们就是消失了千年之久的赛西亚人。

传说，赛西亚人嗜血成性，有时甚至把敌人的头皮剥下来，缝制成外衣、斗篷、披肩和

⊙ 塞西亚黄金头盔3D仿品

坐垫来使用。不可思议的是，这个没有文字的民族，却有着高超的才艺和对黄金的虔诚崇拜。几百年的统治，使这个民族变得极为富有。赛西亚人拥有大量的黄金，即使是平民百姓，也处处能展示出精美绝伦、玲珑细微

⊙ 圣彼得堡冬宫

的黄金制品来。据历史学家考证，赛西亚王室更是极为小心地保护神圣的黄金，而且每年还为它举行盛大的祭祀。

令人疑惑不解的是，这个民族却像划过天幕的流星一般，突然神秘地消失了。至今，历史学家既弄不清赛西亚人究竟来自何方，也不知道他

🔺 塞西亚人具有伊朗血统

们最终去了哪里。

2001年，一支由德俄考古学者组成的探险队来到了俄罗斯与蒙古国的交界处——图瓦，这个地球上离海洋最遥远的地方。这里又名"达里那沙耶"，意思是"国王的山谷"，赛西亚的领袖就埋葬在这里。

探险队队长赫尔曼·帕辛格选定了挖掘点，挖掘工作紧张而有序地进行着。此时，关于宝藏的消息以野火燎原般的速度蔓延着，探险队周围的草丛里到处都有窥视的眼睛，赫尔曼深知这一点，安全工作成了第一要务。

🔻 传说中的塞西亚古城

探索与发现
DISCOVERY & EXPLORATION

塞西亚的最后据点

据说，赛西亚人的最后一个据点是克里米亚半岛，他们曾在那里建立了繁荣的首都聂阿波里斯，赛西亚人那些珍贵的黄金制品，很可能就埋藏在克里米亚沿海一带某个不为人知的地下宫殿里。然而，至今没有人找到任何线索。

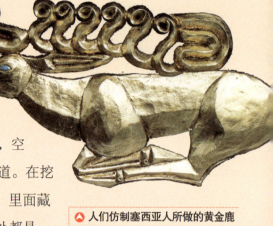

这时，下起了大雨，挖掘工作不得不暂停下来，时间更加紧迫，探险队员们的压力也更大了，空气中弥漫着期待与紧张交织的味道。在挖掘中，工作人员发现了一些房梁，里面藏着什么？透过缝隙，目光所及之处都是一

△ 人们仿制塞西亚人所做的黄金鹿

片金色，那肯定是黄金制品。一个工作人员把摄像机伸进一道裂缝，所有人都被惊呆了，这座陵墓的豪华程度绝不亚于古埃及法老的陵墓。

于是，考古学者在下面盘点，而拿着冲锋枪的警卫在上面站岗。这是一对贵族夫妇的墓葬，他们的衣服上装饰了数以千计的动物形状的黄金饰品与黄金臂章。最后，人们清点出了9000块黄金、300件黄金器具，其中许多是无价之宝。

随着挖掘工作的进行，又一座规模宏大的墓葬群出现了，这是迄今为止发现的最大的赛西亚墓葬。希望越来越大，一个令人振奋的发现就在眼前：一个工人发现了黄金，看上去像是一片未经打磨的金箔。

现场的气氛骤然紧张起来，接下来的工作只能由最可靠的人进行。一个接一个，一共有14匹马的头骨被发现，这个数字在赛西亚人的墓穴中

🔸 塞西亚人曾逃亡到罗马尼亚地区

很罕见。在马的头骨之间，考古学者们陆续发现了金箔，它们很可能是和马的鬃毛以及尾巴编在一起作为装饰用的。

在赛西亚人的传统中，头领死去后，人们就会在第二年的头一天举办一场马赛，跑得

最快的马将被杀死并埋在头领的墓穴里。

然而，这里共有14匹马，一个堆满财宝的坟墓，众多假坟墓，还有26个真正的坟墓，这个墓葬群的一切都是那么出人意料。

对于接下来的工作应该怎么办，赫尔曼说："从目前来看，还有很多悬而未决的问题，我们必须重新思考并改正很多错误，才能进行下一步的工作。"

已经发掘出的文物就地打包，被直接运送到了俄罗斯圣彼得堡的冬宫博物馆，经专家修复后，它们展现出了真正的辉煌。这些从赛西亚人王室墓地里发掘的大量金器，有马梳、脚镫、酒杯、剑鞘、头盔和指环等极具艺术价值的黄金艺术品，这足以说明嗜血成性的赛西亚人在制造黄金制品时，是多么细腻、精致、聪慧和极具耐心。

那么，赛西亚人是如何制造出如此精致的金器来的呢？他们的黄金制品除了墓葬里的少部分之外，大部分又隐藏在哪儿呢？这不仅是一个为考古学家所关心的谜题，也是众多探险家、寻宝者所关心的。有人认为，在被某个更强大的游牧民族击败之后，有些塞西亚人逃到色雷斯（即今罗马尼亚），有的留在南俄罗斯，与入侵的外族同化，而那些黄金制品也随之散失了。

赛西亚，这个没有自己的文字，没有货币，在历史的长河中未曾留下只言片语的民族，留在世间的，只是散见于古希腊典籍中的零散记录和世界上最为精美绝伦的黄金艺术制品，以及众多谜团。

▶ 塞西亚勇士的石像

法老墓室的"死神"翅膀

图坦卡蒙的棺椁是什么样子的？
图坦卡蒙的诅咒是真的吗？

1922年，全世界都在为埃及传来的一条消息而兴奋：英国考古学家霍华德·卡特的考古队打开了埃及法老图坦卡蒙的陵墓。图坦卡蒙是古埃及十八王朝的第十二位统治者，可以说，他并不是古埃及历史上功绩最为卓著的法老，却是今天闻名天下的法老王。他9岁君临天下，19岁离奇暴亡的短暂一生始终被神秘色彩笼罩着。

蹊跷的死因让好奇的人们一直在寻找图坦卡蒙的墓葬，但很少有人能解开这个谜题。就在人们一筹莫展时，卡特的考古队却找到了这位神秘法老墓室的入口。

这一年，他们打开了两道门，无数奇珍异宝让所有在场的人惊讶不

🔺 图坦卡蒙的木制头像

🔻 在古埃及，法老一般修建金字塔作为自己的陵墓。不过，由于图坦卡蒙死得年轻且突然，他在世时还未建成属于自己的陵墓

探索发现
DISCOVERY & EXPLORATION

死亡之谜

开罗大学生物系教授阿扎丁·塔哈曾为部分死去的考古学家和工作人员做过身体检查，他认为这些人只是在陵墓中感染细菌得病去世的，因为那些细菌在陵墓中生存了三四千年。他推测，这种真菌侵入人体后，引起了一种致命的癌症。

已，墓室内到处都是黄灿灿的金子。

第二年，第三道门被打开，那沉睡千年的无比豪华的埃及法老棺椁赫然出现。

棺椁共有7层，外椁是4层木制圣柜，通体用黄金覆盖，四面镶着鲜艳的蓝釉饰板，上面雕饰着各种旨在保护死者的宗教象征图形。外椁内是整块黄色石英岩雕成的内椁，棺盖是用重达1.25吨的玫瑰色花岗岩制成的，石棺周身雕刻的女神伸开双翅托着棺脚。

庞大的石棺盖下，还有3层人形棺。最外层是贴金木棺，棺盖上是国王的金像，脸用纯金铸成，前额上镶嵌着艳丽的眼镜蛇和秃鹰——上埃及和下埃及的图徽。第二层也是贴金木棺。最内层是黄金颜面人形棺，前后均用3厘米厚的金板制成。黄金棺上的法老两臂相互交叠，手里握着权杖和神鞭，线刻的守护女神羽翼环绕着金棺，工艺极为精湛。而围绕在木乃伊四周的金银财宝超过了以往任何一次

▼ 图坦卡蒙法老墓　　▶ 图坦卡蒙的人形棺材

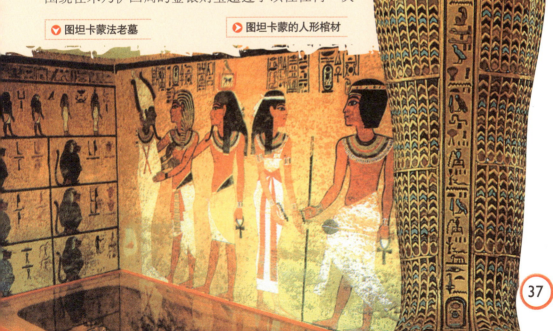

发现，或许从没有哪位君王佩戴过这么多珍贵的装饰品。也就在这里，处于无比兴奋之中的考古队员们发现了一个黏土匾额，上面刻有一些古埃及文字。几天后，这段文字被破译出来：谁扰乱了这位法老的安宁，死神将展翅降临在他头上。

在古埃及，法老是神的代表，他立下的咒语具有一种神奇的魔力。虽然很多人都不相信法老诅咒这回事，但事实上，从那之后，图坦卡蒙的咒语

△ 图坦卡蒙的黄金面具

似乎真的从远古复活，开始惩罚那些打扰陵墓安宁的人。而参与此次考察的考古学家卡纳冯就成了第一个牺牲者。

据说，卡纳冯在进入陵墓入口时，左脸突然被什么东西蜇了一下，鼓起了一个肿块。几天后，卡纳冯刮脸时，不小心刮伤了这个肿块。谁知，正是这个微不足道的创伤导致他得了败血病。随后，卡纳冯高烧不退，住进开罗一家医院。在这期间，他总是昏迷不醒，偶尔醒过来便发出一阵惊呼声。

1923年4月15日凌晨，值班护士突然听见卡纳冯大声叫喊道："我完了！我完了！我已经听见召唤了！"没等护士赶到他身边，医院里突然停电了，变得漆黑一团。五分钟后，当电灯亮起来时，人们发现，卡纳冯极

▽ 人们为图坦卡蒙送葬的情景

其恐怖地瞪着眼睛，半张着嘴，已经断了气。对这次开罗城突然停电的诡异事故，电力公司至今也无法做出合理的解释。

在停电的五分钟内，卡纳冯的病房里发生了什么事？卡纳冯临死前看见了什么东西？没有人知道。但悲剧远未结束，卡纳冯之死成为一连串诡异死亡事件的开始。不久，护理过卡纳冯的护士也突然死去，死因不明；第一个解开图坦卡蒙裹尸布并给图坦卡蒙做X光透视的亚齐伯尔特·理德教授突然发起高烧，返回伦敦不久就一命呜呼。此后，卡纳冯的助手以及参加过挖掘和调查工作的学者、专家纷纷神秘死亡。还有一位参观过图坦卡蒙墓室的美国女性在出洞次日便发高烧死去。据报道，她也是被虫子叮蜇而死的，叮蜇的部位和卡纳冯一样，也在左侧面颊。

▲ 图坦卡蒙的随葬品

神秘的死亡一个接一个，从开罗到伦敦，第二位、第三位……被"死神"翅膀掠过的人数迅速增加，仅6年的时间里就有20多人莫名其妙地死去。尽管卡特本人直到陵墓发掘16年后才安然离世，但关于法老诅咒的传闻还是愈演愈烈。凡是接触过图坦卡蒙墓室的人们都惊恐不安，而陈列在开罗埃及博物馆内的图坦卡蒙珍宝则静静地注视着这一切……

塞提一世墓的谜中谜

19世纪，是谁带领人去找寻的塞提一世墓？
人们找到塞提一世的宝藏了吗？

古埃及图坦卡蒙陵墓因出土了大批奇珍异宝而令全世界震惊。然而，很少有人知道，在帝王谷中还有一座比图坦卡蒙陵墓掩埋得更严密、也可能埋藏有更多珍宝的陵墓未被发掘，这就是古埃及第十九王朝法老塞提一世的陵墓。

千百年来，寻找和挖掘塞提一世墓一直是众多考古学家、探险家、盗墓贼的共同心愿。1817年，一位名叫乔万尼·贝尔佐尼的意大利业余考古学家来到了埃及帝王谷。他的目的很明确，就是要寻找到塞提一世的陵墓。贝尔佐尼带领一帮劳工从拉美西斯二世陵墓的入口处开始挖掘。清除了入口的一些石头障碍后，贝尔佐尼凭着

⚠ 埃及国王王冠上的双蛇形标志

🔻 塞提一世墓坐落在帝王谷内

与
探索发现
DISCOVERY
& EXPLORATION

帝王谷

在尼罗河西岸，距离古埃及都城底比斯遗址不远处的一个小山谷中，坐落着60多座古埃及法老的陵墓，因此，这个地方被称作帝王谷。帝王谷著名的陵墓有图坦卡蒙墓、图特摩斯三世墓、塞提一世墓、拉美西斯二世墓等。

🔺 古埃及的金饰品

自己的直觉，认为有必要继续向下挖掘。

当挖到地下6米处的时候，劳工们碰上了塞提一世陵墓的入口，这也证明了贝尔佐尼的直觉没错。当挖到地下数百米深的时候，他们终于发现了塞提一世的陵墓。沿着一条长长的走廊，众人来到了一个只有4根方柱的石室里，凿开左边的墙壁后，他们发现一口镶金雪花石膏石棺静静地放置在人们的面前。贝尔佐尼立即下令开棺。然而，在盖子被移开的那一瞬间，贝尔佐尼不禁失声叫道："石棺是空的！"

果然，整个石棺空空荡荡，连一丝破布都没有。塞提一世的木乃伊不在这里。"看来，这个陵墓在古代就被盗窃过。"队伍中一个名叫阿里的盗墓贼说。这个叫阿里的人是贝尔佐尼专门请来协助他挖掘陵墓的。

心有不甘的贝尔佐尼决心继续向下挖，但阿里劝住了他，说这样做只是徒劳。贝尔佐尼最后只将那口雪花石棺带走了，终其一生，他也没有找到塞提一世的宝藏。

那么，塞提一世的宝藏究竟到哪里去了？那个空荡荡的墓室果真如阿里所说的那样，早就被洗劫了吗？

其实，贝尔佐尼被阿里蒙骗了。根据阿里的后代阿布德埃拉苏勒介绍，当年阿里曾留下文字记录，说他一看到墓室的墙壁及地面全由巨石封闭，就知道塞提一世的宝藏并没有被盗走，而且就在里面。

这件事情被当作家族秘密一代

🔻 塞提一世的儿子——
拉美西斯二世坐像

代传了下来。守护了半个多世纪后，阿布德埃拉苏勒于1960年将这个秘密告诉了埃及古文物部门。他主动提出承担经费，希望古文物部门能挖掘塞提一世的墓穴，找出宝藏。有关部门接受了他的提议。这年深秋，塞提一世墓的挖掘工作正式开始。

🔺 精美的古埃及手镯

　　经过长达半年的艰苦挖掘，工人们从墓室的墙壁开凿出一条只有80厘米高、1.5米宽，且长达141米的倾斜向下的隧道。当劳工们清理出古埃及人凿出的40级台阶后，挖掘工作却再也无法继续了，因为一块几百吨重的巨石摆在了他们面前。而且，在这块巨石下面，还有三大块巨石垫着。隧道既深又窄，根本没有任何回旋的余地。工人们在这种条件下，要撬开大石块是不可能的。而如果采用爆破手段，那不仅整条墓道会毁于一旦，最可怕的是，塞提一世的陵墓可能永远无法开启了。至此，陵墓的挖掘只得草草结束，但人们不禁会猜测：塞提一世的宝藏究竟在不在那几块巨石后面？当年建筑陵墓的工匠是否有意用这几块巨石封住了存放宝藏的墓室？要揭开事情的真相，就只能等到巨石被移开的那一天了。

🔻 阿蒙神庙中著名的多柱厅就是塞提一世开始修建的

神秘莫测的**亚历山大陵墓**

亚历山大是谁？
亚历山大的陵墓什么时候消失不见的？

▲ 亚历山大城遗址

亚历山大大帝是古代马其顿国王腓力二世的儿子。他于公元前336年即位，经过短短10余年的东征西伐，便建立起幅员辽阔的马其顿帝国。然而，在公元前323年，年仅33岁的亚历山大忽然死去了。

亚历山大死后，他的部下托勒密将军把他安葬在埃及亚历山大城一座极为豪华的陵墓里。之后，罗马皇帝一直将亚历山大陵墓看作朝圣之地。其中，奥古斯汀皇帝还在亚历山大雕像的头部加了一顶金冠。可是到3世纪，亚历山大的陵墓竟离奇地消失不见了。公元642年，阿拉伯大军攻占亚历山大城时，城内辉煌的历史陈迹还令他们惊叹不已。而当1798年拿破仑的军队开进时，这里早已衰落，但仍有不少古建筑废墟。19世纪初，这里开始修建海港，一些古建筑遗址成了采石场，另外一些则被深埋地下。亚历山大陵墓究竟在哪里，就成了一个难解之谜了。人们猜测，亚历山大的陵墓中一定有许多难以想象的稀世珍宝，但事实究竟如何，我们还是拭目以待吧。

▶ 亚历山大的雕像

罗本古拉的珍宝诅咒

罗本古拉是谁？

罗本古拉的诅咒是真的吗？

▲ 巫师的诅咒令罗本古拉墓充满神秘

19世纪，英国殖民者的铁蹄踏上了非洲马塔别列王国，这是一片有名的黄金产地。在殖民者的哄骗下，马塔别列王国的国王罗本古拉同意与英国人合作采矿。但是，双方后来爆发了战争。罗本古拉国王战败，只得逃走，英国人一路追击而来。最终，罗本古拉国王因热病死于途中。按照当地风俗，随从将国王和他平生积聚的财宝一起埋葬了。墓地是由巫师选定的，一批士兵奉命将国王的尸体和象牙、黄金、钻石等财宝一起埋藏，然后，参与挖掘墓穴和埋藏尸体的士兵全部被第二批士兵杀死，他们的尸体被埋葬在国王墓地周围，护卫国王的灵魂。为了永保坟墓的安宁，巫师还在墓地周围立下了咒语。

有关罗本古拉财富的传说，令各国寻宝者垂涎不已，可是，珍宝到底埋藏在哪里呢？

后来，一个名叫雷普德的人偶然得到了一个文件夹，里面装有一张地图，还有测算数字、运输费清单以及一些用密码编写的文件。在得知这是用来寻找一个与国王有关的地方，以及从当地人那里听说了罗本古拉国王宝藏的事情之后，他便开始了探宝之旅。

经过长时间努力，雷普德破译了密码，并确定了地点。但那里是葡

🔺 在南非开采金矿的殖民者

萄牙人的管辖范围，雷普德无法获得许可证。于是，他率领工人偷偷潜入目的地。那天夜里，探险队中的一个人梦见了成群的苍蝇，这是死亡的征兆。第二天，工人们挖出两具断腿的尸体，这是护卫国王灵魂的士兵。晚上，做噩梦的那个人被一头狮子咬死。雷普德害怕了，天刚一亮他们就撤退了。3年后，雷普德又组织了一支探险队。这一次，发掘坑莫名其妙地塌陷了，共有10人死亡。雷普德本人也得了热病，只好无功而返。11年后，雷普德又准备组织探险。这时，罗本古拉财宝已尽人皆知，葡萄牙人、采矿公司，甚至一个基督教团体都争相抢夺财宝归属权。一时间，雷普德官司缠身。他意识到，这是诅咒的先兆，于是他烧毁所有文件，让墓地从此不被世人打扰。

就这样，罗本古拉国王的珍宝仍旧静静地陪葬在国王身边。这不由得让人好奇，巫师的咒语真有这么大的威力吗？这真是不可思议。

探索发现
DISCOVERY & EXPLORATION

马塔别列王国

马塔别列王国是19世纪南非的一个王国，位于今津巴布韦境内。马塔别列人民精通金属冶炼技术，制作出了不少金银宝物。因此这一地区成为当时殖民者眼中的"肥肉"。

百年惊情雷恩堡

雷恩堡地处何处?

雷恩堡的宝藏因何找不到?

△ 珍贵的珠宝吸引着一个又一个探宝人

雷恩堡,是法国南部科尔比埃山中的一座小镇。这里虽然地处偏僻,却奇闻迭起,充满神秘色彩。

17世纪,一个牧羊人在寻找丢失的羊时,意外发现了一条地道。他沿着地道走了下去,到后来竟看到一具具尸体。牧羊人吓坏了,转身想跑,可又注意到尸体附近有很多箱子。他打开一看,里面竟然都是黄金珠宝。牧羊人一夜暴富的事情很快传遍了整个雷恩堡。由于他始终不愿透露自己财富的来源,最终被指控犯了偷窃罪,死在了狱中。

1892年,雷恩堡教堂的神甫贝朗热·索尼埃修缮教堂时在一根空心圆木内发现了一本羊皮纸书。几经辗转、寻觅,他和妻子玛丽终于知道了羊皮纸书上记录着有关一笔宝藏的秘密,并从教堂公墓中一个伯爵夫人的墓志铭上找到了宝藏的隐藏墓地。

于是,他们顺着两百多年前牧羊人走过的地道,走进了一座神秘的地下墓穴,在里面发现了金币、首饰以及其他贵重物品,仿佛法国古代的财富全都集中在此。据说,索尼埃神甫曾经设计了一个美化雷恩堡的新方案,其预算高达800万金币,这在

神秘的宝藏传奇，又何止雷恩堡这一个地方

1914年相当于80亿法郎。为了不让别人发现宝藏，神甫夫妇把一切线索都毁掉了，后来，随着夫妇二人相继去世，这笔巨宝也就成了千古不解之谜。

尽管宝藏尚未找到，关于这笔巨额宝藏的最初所有者到底是谁的争论却很激烈。大多数法国历史学家认为，这笔财宝是1250年法国摄政王后布朗施·德·卡斯蒂耶藏在那里的。还有一些人认为，这也许是中世纪法国异端教派纯洁派的财宝，因为雷恩堡曾经是纯洁派的主要据点之一。直至今天，争论仍在继续，但唯一可以确定的是，这笔巨额财富仍在雷恩堡。

雷恩堡里花谢花开，但宝藏的秘密一直没有被人解开

探索发现
DISCOVERY & EXPLORATION

纯洁派

纯洁派是中世纪时期的一个宗教团体。他们认为自身纯洁，反对正宗教会和封建秩序。1230年，纯洁派实行改革，逐渐被天主教会同化。1250年左右，纯洁派只剩少许残余在法国南部和西西里一带活动，很快便销声匿迹。

西潘王陵内的盗影

西潘王陵墓是如何发现的?
莫切人的文明发达吗?

夜静悄悄的,在位于秘鲁北部山区、远离城镇的一个小山谷内,几个身影来到一块荒坡上,悄悄挖开了一个小型泥砖金字塔,潜了下去,良久之后才返回地面,然后迅速地离开了。几个月后,国际文物黑市上频频出现一些来自秘鲁但绝不属于印加文明的珍贵文物。敏感的考古学家阿尔瓦博士意识到,这些文物的流入,表明很可能又有一个重要的古代遗迹被盗墓贼得手了。

作为南美文明古国,秘鲁境内分布着众多的古文化遗址,比如著名的马丘比丘,但绝大多数遗址内

▼ 秘鲁境内的古文化遗址绝不在少数　　▶ 莫切统治者复原图

秘鲁马丘比丘遗址

都没有宝藏遗留下来。这是因为，一方面许多财宝被当年的殖民者掠夺走了；另一方面就是秘鲁民间的盗窃文物现象极为猖獗，当地农民甚至不事生产，专门干起了盗墓的营生，只要发现一处文化遗址，马上就一抢而光，大量的文物被源源不断地投入到艺术品黑市上。

时间刻不容缓，阿尔瓦博士和他的助手火速赶到秘鲁北部奇科拉约附近，经过一段时间的耐心寻找，终于发现了那批被盗文物的来源地——西潘王王陵。

西潘王是古代莫切人的一位帝王。莫切人不仅是伟大的建筑家，而且还是能工巧匠，他们在这片被后人称为超级干旱的沙漠中建造了一大批金字塔，堪与埃及金字塔相媲美。但由于种种原因，莫切人并不被后人所熟知，以致后世人一直认为印加文明是秘鲁古代文明的中心，很难想象在莫切人的古迹中却发现了令印加文物都黯然失色的宝贝。

西潘王王陵的位置十分隐秘，周围没有任何显著标志，也许这也是它一直没有被人打扰的原因。最终惊扰这位沉睡千年国王清梦的是当地的一位农民，他在极偶然的情况下发现了王陵。由于当地人都靠贩卖墓葬文物发财，所以这个小村子的文物几乎被抢掠一空。当阿尔瓦博士到来的时候，墓室的入口已经被打开了。为了保护文物不被继续盗窃，阿尔瓦博士坚持住在陵墓的遗址旁，直到秘鲁国

探索发现
DISCOVERY & EXPLORATION

马丘比丘

马丘比丘是南美印加帝国晚期的一个古城，位于今秘鲁库斯科西北大约110千米的地方。马丘比丘古城保留较为完整，展现了印加帝国非常卓越的城市规划能力及巧夺天工的建筑技巧，被列为新世界七大奇迹之一。

家文物局的官员到达。当地农民憎恨阿尔瓦博士断了他们的财路，不止一次地威胁说要杀死他。阿尔瓦博士和一个学生、一个助手，身边时刻都带着手枪，以防不测。幸运的是，残留下来的文物最终被保护。在之后的挖掘工作中，阿尔瓦博士惊喜地挖到了一个不同寻常的大墓室，看来盗墓者并没有挖到主墓室。接着，他打开了密封的、从未被进入的西潘王主墓室，

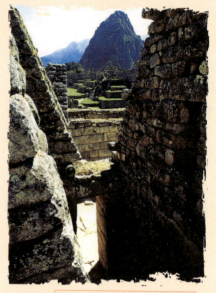

△ 印加帝国时期的石工建筑

豪华的墓室和丰富的陪葬品让众人目瞪口呆。

墓室内摆满了琳琅满目的陪葬品，西潘王的尸骨放在墓室的最中间，手中抓着一个重达0.5公斤、纯金制成的小铲子，头上和前胸覆盖着华丽的金制面具，手臂的骨骼上挂满了精美的首饰，尸体周围堆满了数不清的首饰和工艺品。令人吃惊的是，在西潘王的四周有几十具陪葬者的尸体，他们中有年轻的女人、侍卫、仆人，而这些人的尸体上无一不是堆满了金银制成的首饰。整个墓穴中，死者的骸骨只是点缀在一堆金银珠宝中的星星白色。

陵墓中发现的金银饰物、宝石珍贝以及众多的工艺品，无不工艺精

湛，造型奇特。其中最为精致独特的是一个金耳饰，仅有硬币大小，用黄金和绿宝石制成，上面镶饰着3个人像，中间的一个人像穿着西潘王的衣饰，胸前挂着一条用若干个猫头鹰头部串成的项链，每个猫头鹰头部只有针眼大小，但栩栩如生。另一件精美的金饰物也很特别，表现的是一个人头像印在一只蜘蛛的背上，而蜘蛛陷在网中。这件饰物有7个构件，上面有3颗金珠子，佩戴时会发出声响。另一大发现是，这些闪闪发光的饰物并不全都是纯金纯银的，有一部分是镀金的。看来，莫切人已经掌握了用化学方法镀金的技术，这种技术要比欧洲早1000多年，莫切人的发达程度超出了所有人的预料。

数百件艺术品，从最大的金质圆形徽章，到最小的各种装饰品，都焕发出原有的异彩。在今天，这些文物值多少钱呢？没有人能够给出一个具体数值。作为艺术品，它们的价值就更无法估量了。

毫无疑问，西潘王墓葬是一个惊人的宝藏。当然，从货币价值的角度来看，新大陆从来没有过这样的发现。在考古学界，西潘王墓室的发现被认为是整个西半球最辉煌的墓葬文物发现，被喻为新大陆的"图坦卡蒙墓"。可以说，西潘王陵墓的发现，唤醒了秘鲁历史上的一个黄金时代的记忆。

▶ 秘鲁宗教艺术博物馆内收藏了很多印加文物，图为印加妇女像

东陵惊天盗宝案

慈禧陵被谁盗了?
慈禧陵丢失的珍宝最后如何了?

▲ 慈禧朝服像

　　1928年7月,一阵阵轰鸣的爆炸声从大清王朝帝王的安息之地传来。此时,大清王朝早已名存实亡,清东陵内也早已无人看守,所以,没有人来查看究竟发生了什么事情。而周围的百姓早就被战乱吓坏了,他们以为又是在打仗,谁也不敢出门。事实上,这里正在上演着令所有人震惊的大动静——盗宝。其实,自清末开始,清东陵内就频频出现盗墓事件,有的是监守自盗,有的是土匪抢盗。不同的是,这次的主角是时任国民革命军第十二军的军长孙殿英。孙殿英是赌徒、毒品贩子出身,流寇成性,加之军饷吃紧,他便动起了掘墓盗宝的念头,并将目标对准了一块大"肥肉"——慈禧陵。

　　慈禧是我国历史上著名的奢侈太后,不仅生前酷爱珍珠、玛瑙、宝石、玉器、金银器皿等宝物,更是将数之不尽的宝物带入了坟墓。对此,李莲英和其侄子在《爱月轩笔记》中,进行了详细的记载:

　　在慈禧棺内,底部铺的是金丝

探索发现
DISCOVERY & EXPLORATION

慈禧陵寝三绝

　　慈禧的陵寝可称得上是金、木、石三绝。"金绝"是指陵内使用了大量的黄金。"木绝"是说三大殿的梁、枋都是用木中上品黄花梨木制成。"石绝"是指陵寝的石料一律采用上好的汉白玉,石雕图案更是绝中之绝。

织宝珠锦褥，镶有大小珍珠12604粒、宝石85块、白玉203块。锦褥上铺着一层绣满荷花的丝褥，丝褥上镶珍珠2400粒。盖在慈禧尸身上的是一条织金陀罗尼经被，被子用明黄缎捻金织成，经被上缀有820粒珍珠。

入殓时，慈禧头戴镶嵌珍珠宝石的凤冠，冠上有一颗大如鸡蛋的珍珠，当时就值白银1000多万两；口内含夜明珠一粒；脖颈上有朝珠三挂，两挂是珍珠的，一挂为红宝石；身穿金丝礼服，外罩绣花串珠褂，足蹬朝靴，手执玉莲花一枝。在其身旁，还陪葬着金、玉佛像，以及各种宝玉石、珊瑚等。据说，当殓葬完毕后，送葬的人发现棺内还有孔隙，就又倒进了珍珠、红宝石、蓝宝石、祖母绿等宝石。光这些珠宝，就价值200多万两白银。

这么一块诱人的"肥肉"，有谁能够轻易放过？7月1日，孙殿英动用了两个旅的兵力，严守东陵的所有要道，并计划在盗墓完成后以换防为由撤离东陵，把事情嫁祸到土匪身上。

起初，士兵们并不知道地宫入口，而是遍地开挖，连续挖了两天两夜都找不到地宫入口，孙殿英急了，命令士兵绑架了护陵大臣苏必脱林。在死亡的威胁下，老人家只得指认了慈禧陵的地宫入口。原来，在高大的

🔻 清东陵

明楼后面，有一个小院子，院内北面的琉璃影壁之下就是地道入口。于是，几十名士兵在明楼后面的琉璃影壁下挥镐抡锹，终于在7月7日打开了地宫入口。

进入慈禧地宫之后，这些贪婪的盗墓士兵轻而易举地找到了棺椁与陪葬珍宝。慈禧陵的主墓室是一个完全由汉白玉石铺砌的石室，正中央是一座汉白玉石台。在石台上面，停放着一具巨大的棺椁。两侧的两座石墩上，则放着记录慈禧谥号的香宝、香册。

为撬开慈禧的内棺，光芒四射的金漆外椁竟被心急的士兵用刀斧劈得七零八落。砍碎的木头被搬开后，就现出了一具红漆内棺。由于怕刀斧损伤棺内的宝物，士兵小心谨慎地用刀撬开内棺。"当时，将棺盖揭开，只见霞光满棺，兵士每人执一大电筒，光为之夺，众皆骇异。俯视棺中，西太后面貌如生，手指长白毛寸余……珠宝堆积棺中无算，大者由官长取去，小者由各兵士阴纳衣袋中。于是，司令长官下令，卸去龙袍，将贴身珠宝搜索一空。"多年后，当年的一位参与者如是记录道。

在慈禧的定东陵被盗时，乾隆的裕陵也被孙殿英手下的一个营长炸开了。令盗墓贼们没想到的是，乾隆的地宫通道中充满了积水，由于年深日久，积水竟有近2米深，而通道又很陡滑，疯狂涌入地道口的士兵毫无准备，不少人滑倒在积

▲ 清东陵裕陵地宫

水中惊悸窒息而亡。

与同时被盗的慈禧陵相比，裕陵中的乾隆与五位后妃的遭遇更加悲惨。两陵被盗后，清室负责善后的人进入裕陵地宫后发现，白骨凌乱地扔在各处，除嘉庆帝生母孝仪皇后尸身完整外，其他的已经分不清哪个是皇帝的，哪个是后妃的，最后只好把所有骸骨合葬在一具棺木内。

盗陵案被报道后，举世震惊，各地各界人士纷纷通电谴责，要求严惩凶首孙殿英，追回珍宝。孙殿英慌了手脚，马上用盗陵得来的赃物四处打点当政权贵：他把乾隆朝珠中最大的两颗送给戴笠，将慈禧口中含的那颗宝珠送给了宋美龄……一番打点后，法办之事不了了之，那些被盗珍宝也没能追回。如今，孙殿英究竟从慈禧陵盗走了多少财宝，后人已不得而知，这些被盗宝藏的下落至今仍是个谜，残破的清东陵留给后人的只有空荡荡的墓室、断壁、残垣。

▲ 有人猜测，翠玉白菜就是孙殿英自慈禧陵寝中盗走的

▼ 清东陵慈禧陵寝的棺木

金缕玉衣大揭秘

金缕玉衣的主人是谁?
人们为何要用金缕玉衣作为殓服?

在河北省满城县的西南,有一座俊秀挺拔的大山,名叫陵山。陵山东临华北平原,西望太行群峰,是一处绝佳的风水宝地。20世纪60年代,北京军区驻河北满城的工程兵在陵山进行施工的时候,竟然意外地发现了一座罕见的汉代大墓,而轰动世界的金缕玉衣也惊艳出世。

▲ 金缕玉衣的碎片

经考证,专家们确定墓主是西汉时的中山靖王刘胜。考古人员在清理南侧室时,在一堆厚厚的朽木灰中惊奇地发现了一件将玉片用金丝串联起来的铠甲状的物品。这样的随葬品还是第一次发现,现场的考古专家们一时都说不准这是什么东西,有何用处。他们只得将情况通报给时任中科院院长的郭沫若先生。经过细致的考察和严谨的讨论后,郭沫若认为这是迄今为止人们发现的最完整的金缕玉衣。

金缕玉衣是汉代皇帝、诸侯王和高级贵族死后的殓服,史书上称为

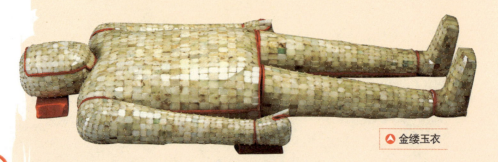

▲ 金缕玉衣

"玉匣"或者"玉柙"。汉代人相信，玉积聚了天地灵气，因而能使人的尸体不腐，精气长存。因此，无论皇帝还是诸侯王，都十分热衷于在死后用玉衣入殓下葬。

玉衣是用金丝、银丝或铜丝将一片片四角钻有小孔的玉片编连起来做成的，按照丝线的不同，分别称为"金缕玉衣""银缕玉衣"和"铜缕玉衣"。这种高级殓服以前只出现于史料的记载中，没想到这次居然在满城汉墓中被发现了，这真是一个意外之喜。

⚠ 在战国时期，就有人在陵墓中放置玉饰了

很快，在距离刘胜墓北部100多米的山上，人们又发现了一座新的大墓。经过考证，专家们发现这是刘胜妻子窦绾的墓。在她的墓中，人们同样也发现了一件金缕玉衣。专家们仔细研究了这两件玉衣，发现刘胜的玉衣由2498块玉片组成，长度达1.88米，全部金丝加起来重达1公斤；窦绾的玉衣长1.72米，由2160块玉片组成。两套玉衣都由头部、上衣、裤筒、手套和鞋子五大部分组成，每个部分都可以彼此分离。

玉衣的制作是一个极其复杂的过程，其工艺流程之复杂、精密程度之准确超乎人们的想象。据测算，汉代制作一件玉衣，需要耗费一名玉工十多年的精力。如此精美的玉衣究竟是如何制作出来的，这至今还是一个谜。

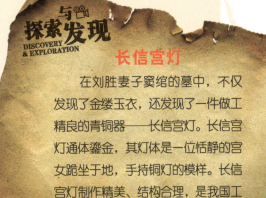

探索发现 与
DISCOVERY & EXPLORATION

长信宫灯

在刘胜妻子窦绾的墓中，不仅发现了金缕玉衣，还发现了一件做工精良的青铜器——长信宫灯。长信宫灯通体鎏金，其灯体是一位恬静的宫女跪坐于地，手持铜灯的模样。长信宫灯制作精美、结构合理，是我国工艺美术品的代表之作。

金面具下的惊世玄机

陈国公主是谁？
戴金面具有什么原因吗？

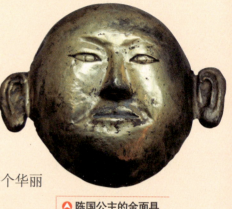

△ 陈国公主的金面具

　　1986年，内蒙古奈曼旗青龙山镇斯布格图村的村民在村北庙子山的南坡上挖土修水库的时候，意外地发现了辽代陈国公主及其驸马的合葬墓，一个华丽的地下宝库由此打开。

　　当墓室被打开的时候，考古专家看到陈国公主的尸骨平躺在尸床的左侧，驸马萧绍矩的尸骨位于右侧。两人均穿金戴银，全身还裹着银丝网络，显得贵气十足。整套殡葬服饰中，最为珍贵的要数罩在两人脸上的鎏金面具。这个面具是按照陈国公主的真人面容，用薄金片捶击成形的。面具周边有33个穿孔，用细银丝沿着穿孔将其与公主头部网络连接起来。这

探索发现
DISCOVERY & EXPLORATION

阿伽门农的金面具

　　1876年，亨利希·施利曼在迈锡尼"狮子门"的一个竖墓里发现了一具戴着黄金面具的干尸。施利曼认为这座墓的主人就是阿伽门农，因此将这个面具称为阿伽门农的金面具。事实上，金面具的主人并非阿伽门农，而是迈锡尼王国的一个大人物。

△ 人们发现的一座契丹女尸墓

个金面具最让人惊讶的地方在于它的眼、耳、口、鼻都不开缝，不穿孔，丰润舒展，显示出了青春女性特有的柔美。驸马的脸上也罩着一个相同的面具。

说到金面具，人们很容易想起古埃及法老图坦卡蒙的金面具、迈锡尼国王阿伽门农的金面具，这些神秘的金面具似乎都附有令人难解的密码。而陈国公主和驸马在死后为何也要罩上金面具呢？

其实，这和契丹族的传统观念有关。契丹人相信灵魂不灭，用金面具、银丝网络罩住逝者就能起到形不散、神不离的作用，相当于汉代时中原帝王去世后穿的金缕玉衣。专家推测，契丹人之所以会有这样的生死观，可能是受到了佛教或者萨满教的影响。

陈国公主墓葬的发掘取得了丰硕的成果，除了金面具，人们还发掘了大量稀世珍品，件件堪称国宝。与此同时，专家们在研究墓志铭时发现，陈国公主生前曾获得无数封号。她先是被封为太平公主，后来又晋封为越国公主，去世之后又被追封为陈国公主。在她刚满16岁的时候，就按照契丹皇室的习俗，嫁给了自己的舅舅萧绍矩。然而，这场令人瞩目的婚姻仅仅维持了两年。1018年，陈国公主和驸马萧绍矩就先后莫名其妙地病亡了，留给世人无尽的揣测空间。

对于年仅18岁的陈国公主和36岁的驸马突然去世的原因，考古学家们争论不休。起初，他们猜测两人是宫廷斗争的牺牲品，但没有找到相关线索。假如真的是患病身亡，那么两人患的又是什么病呢？这一点目前还无从得知。看来，这个谜团也只有留给后人去解决了。

🔺 阿伽门农的黄金面具

隋代女童的豪华葬礼

隋代女童墓是在什么地方被发现的？
隋代女童墓为什么有那么多奢华的陪葬品？

新中国成立后，全国都掀起了建设的热潮。饱经沧桑的古都西安也沐浴在这股春风中，焕发出了无穷的活力。随着建设脚步的加快，西安的城市面积很快就突破了城墙的限制，开始向四周延伸。其中一支施工队来到了距离唐代长安城西墙内约一公里的梁家庄开展基础设施建设。就是在这里，他们有了惊人的发现。

在开挖地基的时候，施工队发现了只有陵墓中才有的五花土。这一现象让考古专家大惑不解：在古代，人们都是将墓址选在郊区的，而此地在隋唐时已经是繁荣的城市了。城内怎么会有墓葬呢？带着重重疑问，考古专家展开了对这座古墓的发掘，没想到发掘的结果大大出乎了他们的意料。

这座古墓的形制虽比不上帝王陵墓，但也具有相当的规模，是一座绝对意义上的大墓。尤其令人瞠目结舌的是墓中琳琅满目的随葬品。在墓室中，考古专家找到了90多件冥器、17件瓷器和大量陶俑。此外，美轮美奂的金银器、玉器、玻璃器等物品也为数不少，琳琅满目的陪葬品使这个墓宛如一个

🔺 隋朝兵佣

小小的繁华人间。其中，一条镶嵌着珍珠和鸡血石的金项链最引人注目，想来也是墓主人生前最喜爱的一件饰品。这条项链由28个金质球形链珠组成，左右各14个。每个球形链珠都由12个小金环焊接而成。项链的下端中央镶嵌着一块鸡血石，鸡血石的四周还镶嵌有24颗珍珠。整条项链鲜艳夺目，雍容华贵，堪称举世无双的艺术珍品。让人感到不解的是，从墓志铭中，考古专家了解到墓主是个名叫李静训的女孩，隋朝人，去世时只有9岁。一个9岁女孩为何会享受如此规模的墓葬呢？

▲ 李静训墓中的金项链

查阅了历史资料后，专家得知，李静训有着极为显赫的家庭背景。她的曾祖父叫李贤，是北周骠骑大将军；祖父李崇曾追随隋文帝南征北战，并于公元583年在抗击突厥的战役中为国捐躯。李静训的父亲李敏因其父李崇为国捐躯，得到了隋文帝杨坚的加倍宠爱，李敏从小在宫中长大，后被隋文帝的长女周皇太后亲自选为女婿，并封为光禄大夫。

家世显赫的李静训一出生，便得到了外祖母周皇太后的百般宠爱。然而，天意弄人，在公元608年，李静训刚满9岁的时候，她就突然患病离世了。周皇太后悲痛万分，便下旨予以厚葬。这便是一个隋代9岁女童能享有如此豪华墓葬的原因。

按照墓志铭中的记载，李静训死后被葬在京兆长安县休祥里万善道场内，并在坟上修建了楼阁宝塔。据历史记

探索发现
DISCOVERY & EXPLORATION
周皇太后

周皇太后即隋文帝杨坚的长女杨丽华。公元573年，她嫁给北周太子宇文赟（即北周宣帝），在宇文赟即位后，杨丽华被立为皇后。宇文赟死后，静帝宇文阐尊她为皇太后。杨坚夺权建立隋朝后，封杨丽华为乐平公主。

载，"京兆"是当时隋代的首都大兴城。

按照常理，坟地一般都位于城郊荒野，为何李静训的墓会选在繁华的隋代首都呢？

这是因为，万善道场是万善尼寺，是一座皇家尼寺。将李静训葬在万善尼寺既能慰藉周皇太后的思念之情，又符合礼制。周皇太后还下旨为李静训修建了楼阁宝塔，用以超度。那个长达50米的夯土台基就是楼阁的遗址，也是李静训豪华墓葬的真实写照。

🔺 隋文帝

一个年仅9岁的小女孩死后能享有如此规模的墓葬，拥有如此奢侈的陪葬品，这在今人看来是无法想象的。但在封建社会，她是皇亲国戚，有着显赫的家世背景，又深得统治者的疼爱，能享有这样的待遇也就不足为怪了。如此豪华的墓葬正是封建统治者奢侈生活的一个缩影。

看着这些琳琅满目的随葬品，相信今天的人们在唏嘘不已的同时也会不禁联想：在幽深的地下，究竟还沉睡着多少不为人知的奢靡墓葬呢？看来，答案的揭晓，只有等到这些古墓惊艳现世的那一天了。

🔻 李静训的石棺先存于西安碑林博物馆

[第三章]

神秘莫测的海盗与沉船宝藏

　　美丽的大海既是自由与浪漫的象征，也是血腥和暴力的产地。因为有海盗，因为有沉船，本就神秘的大海变得更加波诡云谲。"金锚链"背后的秘密、"加勒比海盗"的宝藏、"幽灵宝船"上的致命诱惑、诡秘的羊皮纸宝藏密码、鲁宾逊岛百亿金宝谜案、"黄金船队"宝藏疑踪……这是历史留给我们的重重谜团，也是世界各地寻宝者一直苦苦追寻的宝藏。打开本章，让我们一起走进海盗与沉船的世界，去探索那些神秘的过往吧！

"金锚链"背后的秘密

海盗克劳斯是否凭"金锚链"的珍宝逃过一劫?
"金锚链"的珍宝藏在六个地方吗?

14世纪下半叶,浩瀚的北海和波罗的海上混乱无序,海盗活动十分猖獗,克劳斯·施托尔特·贝克尔就是当时北欧最猖狂的海盗之一。在北欧的海岸线上,几乎没有一艘从事海上贸易的船只能在反抗之后摆脱他的魔掌,野蛮的克劳斯令所有往来的船只望风而逃。

克劳斯·施托尔特·贝克尔出生在德国的维斯马,常年指挥着50艘船只在北海和波罗的海劫掠。他们从不放过任何船只,很多船根本不敢到公海上来。这伙海盗经常在海上肆意妄为,不但积敛了数量众多的西方国家的珍贵物品,而且还攫取了巨大的金银宝藏。对有些人来说,他是一头可怕的海

⬆ 当时海盗所建立的防御设施

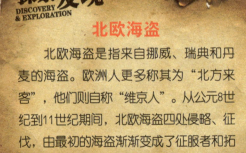
探索发现
DISCOVERY & EXPLORATION

北欧海盗

北欧海盗是指来自挪威、瑞典和丹麦的海盗。欧洲人更多称其为"北方来客",他们则自称"维京人"。从公元8世纪到11世纪期间,北欧海盗四处侵略、征伐,由最初的海盗渐渐变成了征服者和拓殖者,远航的足迹遍及欧洲大陆。

狼，但在另一些人眼里，他是"海上的罗宾汉"。据说，他劫掠富人，然后把劫夺的财富赠送给穷人。

自1393年4月以来，这些海盗的势力越来越强大，以至于他们公然向挪威南部富庶的贸易城市卑尔根发起进攻，洗劫并烧毁了这座城市。

当克劳斯的海盗船队在北海变得越来越肆无忌惮的时候，英国国王理查德二世和丹麦女王玛格丽特为打击海盗而结成同盟。1401年夏天，克劳斯在北海遭到英格兰船只伏击。经过一场激烈的海战，海盗们遭受重创，包括克劳斯在内的73名海盗被投进监狱，40名海盗被打死。随后，这位海盗船长被送回他的故乡德国接受审判。

1401年10月的一天，被捕之后的克劳斯·施托尔特·贝克尔和他的海盗兄弟们一起被押往德国汉堡市格拉斯布鲁克。当绞索即将套上他们的脖子时，这个海盗头目向监刑的议员提出了条件，他许诺将拿出一个像花环一样美丽的金锚链及无数金币，另外再向汉堡市捐赠一个金质的教堂钟楼楼顶，以此来赎买海盗们的自由。这个请求被拒，这伙海盗最终人头落地。

后来，人们在查阅有关北海和波罗的海海盗的传说和编年史后才知道，为了把抢来的金银财宝尽可能多地运走，海盗们掏空船桅杆，把一部分贵重的金属（如大量的黄金等）熔铸成金锚链，藏匿在桅杆之中。汉堡的议员当时确信，不论采取什么手段，他们总会找到克劳斯的宝藏。但后来的事实证明，这些议员们大错特错，直到今天，那个德国海盗船长的所有财产仍然下落不明。

▲ 北欧海盗的战船

根据古老的传说，克劳斯那批巨大的宝藏至少分别隐藏在了以下几个地方：

首先是古老的哥特兰港口城市维斯拜，因为这个地方曾经是海盗一度攻占的目标。

这个城市的设防十分牢固，有众多的堡垒、强大的保护墙和28座碉堡。

其次，宝藏可能被隐藏在波罗的海的乌泽多姆岛。在那个小岛上，有一条从沙滩通向腹地的名叫"施托尔特·贝克尔"的山谷。过去，这条山路曾经通往一处海盗的藏身地。有人分析，也许那里至今还埋藏着他们的战利品。

再次，有个被人们称为"海盗湾"的地方——吕根岛，这是一个满是白色峭壁的白垩质海岸，曾经是海盗的栖身之处，有许多裂缝较深的山洞。在过去的抢掠活动中，海盗们也曾在此地落脚。

还有一个地方就是位于波罗的海小

🔻 北欧海盗的足迹遍布很多地方

北欧海盗的头盔

岛上的费马恩城堡。近年来，寻宝者在这座城堡里发现了一些古老工事的残垣断壁，此地可能是最适宜藏宝的地点。

另一个被人们认为可能藏宝的地方就是位于东佛里斯兰海岸雷伊布赫特东部马林哈弗的一座古老的圣母教堂。教堂建有一座60多米高的钟楼。在14世纪时，这里也是海盗们最喜欢的栖身之处。那时，大海从这里一直延伸到离陆地很远的地方。海盗们极有可能把他们的海盗船固定在坚固的石环上，然后把抢来的东西存放到高高的钟楼里。

最后，还有一个地方值得一提，它就是离马林哈弗不远的一个农庄。从12世纪开始，这个农庄就很富裕，后来农庄的主人还把女儿嫁给了克劳斯·施托尔特·贝克尔，克劳斯有时会住在那里，这样一来，他就有可能会把宝藏藏在那里。

进入20世纪以来，探险家和寻宝者们先后找到了这几个地点，却均未发现这笔宝藏。

这个海盗头领究竟把他的金锚链和珍宝藏在哪儿呢？寻宝者们深信，它们必然埋藏在上述6处中的某一处，只是掩埋得太严密，要找的地方又太多，故而不容易被人找到罢了。如果能把这些地方彻底找遍，也许有一天，人们真的会发现海盗的宝藏。于是，神秘的金锚链以及巨额宝藏就成了北欧最具诱惑力的传说，在这个拥有不计其数的高山、峡谷的"迷宫"中经久流传。

图为北欧海盗登陆英格兰西南海岸的情景

绝密藏宝图

洛豪德海盗们的宝藏是怎么来的?
菲波斯发现海盗们的全部宝藏了吗?

在澳大利亚,有个名叫洛豪德的小岛。相传,岛上藏有无数财宝,周围海底也铺满耀眼炫目的宝石,因此吸引了众多人的目光。

17世纪70年代,一位名叫威廉·菲波斯的人,在偶然中发现了一张有关洛豪德岛的地图,图上标有西班牙商船"黄金号"的沉没地。他惊喜若狂,感觉到一个发财的机会到来了。

原来,"黄金号"商船有一段神秘的故事。那是在16世纪中期,西班牙人沿着哥伦布的航线远征美洲,掠夺了无数金银珠宝之后满载而归。然而,他们的行动被海盗们觉察了。于是,海盗们疯狂袭击每一艘过往的商船,惨杀船员,抢夺了大量财宝。由于财宝堆积如山,海盗们无法全部带走,于是将剩余部分埋藏在洛豪德岛,并绘制了藏宝图,然后发下血誓,表示严守秘密,以图永享这笔不义

探索发现
DISCOVERY & EXPLORATION

哥伦布发现新大陆

哥伦布是意大利人,他从小就热衷于航海。后来,在西班牙女王的支持下,哥伦布前后4次出海远航,最终到达美洲。不过,哥伦布一直以为自己到达的是印度。美洲在当时还不为欧洲人所知,哥伦布的这一发现对世界产生了重要影响。

▼ 西班牙商船

之财。后来，一些阴谋者企图独吞宝藏，一时间血肉横飞、尸横遍野，胜利者携带藏宝图混迹天下，过着花天酒地、骄奢淫逸的生活。从此，藏金岛的传说不胫而走。

这一次，菲波斯怀揣这张不知真假的藏宝图登上洛豪德岛，四处勘察，几天过去了，依然一无所获。一次，正当菲波斯徘徊海滩时，无意中脚陷入沙中，触到一块异物。菲波斯心中一动，马上用手挖沙，挖出一丛精美绝伦的大珊瑚，珊瑚内竟藏有一只精致木箱，箱中盛满金币、银币和珍奇宝物。菲波斯狂喜万分，在岛上又待了3个月。他在沙滩上疯狂地寻觅，直到最后，整整30吨金银珠宝装满了他的船。

菲波斯发横财的消息像飓风一样传开去，一股寻金热迅速席卷洛豪德岛以及附近海域，很多流浪汉、冒险家甚至王公贵族们都不远万里来到这个荒岛。寻宝者都认为菲波斯发现的财宝仅是海盗遗产中很少的一部分，那么更多的宝藏又在哪里呢？一时间，许多真假难辨的藏宝图应运而生，充斥欧洲，高价出卖，不少人竞相重金购买，不惜血本。不知有多少寻宝者或葬身海底，或暴死荒岛，或倾家荡产，但宝藏仍不见踪影。就这样，洛豪德的宝藏成了一个充满诱惑的谜团。

哥伦布4次航海线路图
第一次 1492年～1493年
第二次 1493年～1496年
第三次 1498年～1500年
第四次 1502年～1504年

追寻"加勒比海盗"宝藏

加勒比海盗是否真的存在?

"黑胡子"的宝藏被人找到了吗?

△ 常见的海盗墓碑

在北大西洋西部,有一片风光秀丽的旅游胜地——加勒比海,大、小安的列斯群岛和巴哈马群岛将这片海域环绕了起来。曾经,这里是海盗们的天堂。

今天,人们已经从好莱坞电影中认识了加勒比海盗,那么,谁是最有名的加勒比海盗呢?十个回答中会有九个指向同一人。他长着一双深陷的、充满野性的眼睛,一脸浓密而又极具个性的大络腮胡子,有时用带子扎成很多朝各个方向乱窜的小辫儿。每次在实施抢掠前,他的帽子上还插了两根点燃的导火线,冒着黑烟在耳朵上翘着,使每个人看到他时都好像在面对着一

▽ 加勒比海沿岸非常适合藏宝

▲ 洪都拉斯沿岸也曾遭受过"黑胡子"的抢夺

个魔鬼。他就是臭名昭著的大海盗——"黑胡子"。

距今300多年前，著名的加勒比海盗头子"黑胡子"，驾驶他的"安妮女王复仇号"海盗船与英国皇家海军激战，最后被击沉在今天北卡罗来纳州附近海岸的沙洲上。从那以后，人们对"黑胡子"宝藏的追寻便从未停止过。

实际上，寻找"黑胡子"宝藏的行动从他刚被打死后就开始了。当时，"黑胡子"被打死后，英国皇家海军的士兵们就搜遍了"黑胡子"海盗船上所有可能隐藏财宝的地方。但是，他们搜来搜去，只发现了145袋可可豆、11桶葡萄酒、1桶蓝靛和1包棉花，并没有找到任何金银珠宝。

要知道，自从1717年成为海盗船长，到1718年11月被杀的一年多时间里，"黑胡子"抢劫来的战利品堆积如山，在弗吉尼亚和洪都拉斯之间的航线上，所有来往船只几乎都在他的抢劫范围之内，仅1718年突袭南卡罗来纳州首府时，他就勒索了150万英镑的赎金以及一大批棉花、烟草等物品。但是，这些财宝究竟藏在哪儿呢？

凡是与"黑胡子"有关的生活用品和住所都成了寻宝者搜索的目标。多年之后，人们终于承认，"黑胡子"太狡猾了，他没有留下只言片语和任何线索，更别提什么藏宝图了。也许正如"黑胡子"所预料的那样，只有魔鬼和他本人才知道藏宝的地点。

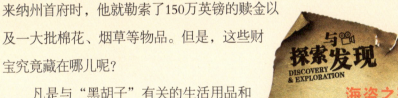
探索发现
DISCOVERY & EXPLORATION
海盗之死
海盗们生前肆无忌惮，飞扬跋扈，一旦他们被擒，政府会采用绞刑的方式处死他们。在海盗被处死后，政府还会给他们的尸体涂上柏油，放在铁笼子里，挂在巷口或水道边，任由风吹日晒以及海鸟的啄食，以警告世人。

"幽灵宝船"上的致命诱惑

"维达号"被哪个海盗截获了？

"维达号"船体被发现了吗

在世界海盗史中，有一位海盗给人留下了深刻印象。他英俊潇洒，总是穿着深色天鹅绒外套，长长的黑发用黑丝带在脑后束成一把，腰间别着四把从不离身的手枪。他，就是被誉为"海盗王子"的黑萨姆。

黑萨姆天生具备领导才能，成为海盗后不久就被推选为船长。仅1年多的时间里，黑萨姆的小舰队在加勒比海域就劫掠了50多艘船。

1717年，一艘装备精良的大商船"维达号"缓缓驶离了牙买加港口，踏上了返回欧洲的漫长归程。"维达号"刚刚完成一大批黑奴交易，如今船上载满着沉甸甸的珠宝与黄金。

就在"维达号"将要到达古巴海域时，一艘小船悄悄靠近。船长并没有在意，因为这里不是海盗的势力范围。小船越来越

与 探索发现
DISCOVERY & EXPLORATION

船钟

根据船钟在船上的摆放位置，一些专家推测，黑萨姆与当时大多数海盗船长一样，倾向共和党派。因为船钟是权力的象征，通常会挂在船尾——船长休息室里，而有共和党倾向的海盗船长们，却愿意将它摆放在船员的活动场所。

▲ 古时欧洲人常常用黄金和枪支来交换象牙

近了，一面黑色的旗子被风吹得猎猎作响，旗上赫然画着一个骷髅头和两根白骨！"海盗！"船员们乱作一团，而此时海盗的炮火已经如雷雨般扑来。几乎没来得及反抗，船长就被迫举起了白旗。

这伙海盗的头领正是黑萨姆。这一仗，海盗们收获颇丰，"维达号"满载着象牙、染料、糖、珠宝、金条，还有不计其数的西班牙银币。不过，对于黑萨姆来说，除了满船的金银财宝外，"维达号"商船本身就是头等战利品，宽敞的船体、一流的装备，比他们的海盗船气派多了。于是，黑萨姆从自己的船上又搬来10门大炮，加上原有的装备，共28门大炮，"维达号"成为他们的新海盗船。

截获"维达号"之后，黑萨姆率领海盗船队北上，驶向科德角。4月26日，黑萨姆从科德角启程，船队兵分两路，其中黑萨姆率领着装满铸币、黄金的"维达号"和另外两艘船继续前进。

谁也没有料到，刚出海不久，天气骤然变坏，"维达号"搁浅了，船上的人还没来得及逃生，船身就断成两截，迅速沉入海底。船上仅有两个人逃生，黑萨姆和船上的黄金一起沉入了海底。

随着时间的流逝，这批沉入海底的财物渐渐被人们遗忘了，直到贝瑞·克利福德的出现。当他还是个孩子时，就从叔叔那里得知有一笔巨大财富埋在神秘的海底，只有那些幸运和勇敢的人才能得到。贝瑞·克利福德找到一个投资者，然后筹建探险队开始寻找"维达号"上的财宝。

▶ 海盗船上通常会插着骷髅旗帜

　　事情进行得并不顺利，在将近两年的时间内，他们一无所获。眼看钱就要花光了，克利福德有些丧失信心了。

　　这一天，一名潜水队员在海底搜寻时，被一块不明之物绊倒，当他把不明之物表面上的厚泥刨开后，这才发现，原来是一门大炮！大家欣喜若狂，在进一步搜索后，他们发现了一枚标着"1684年"的铸币。

　　1985年，当克利福德和他的探险队发现了刻有"维达号1716"的船钟（船长的权力象征）时，他意识到自己儿时的梦想终于成真了！从此，勘测"维达号"正式成为官方项目。此后，不断有新的发现：数千枚西班牙铸币、大炮、航海工具、用来磨刀剑的砂轮、手枪、餐具等，然而这些远不是他们的最终目标，他们还没有发现船体本身。

　　几年后，7月中旬的一天，克利福德和队员们发现了一条木质梁。当他们铲除上面淤积的沙土后，"维达号"船体终于展现在眼前，这就意味着发现整个宝藏指日可待。尽管"维达号"作为海盗船的时间并不太长，仅仅几个星期，它却是唯一被验证的海盗沉船。

　　一些人估计"维达号"上的宝藏价值上亿，但克利福德坚持认为，不变卖任何东西，它们只属于"维达号"研究中心的收藏品。

🔺 多年来，人们一直在海底寻找着黑萨姆的海盗船

"金银岛"上的神秘宝藏

可可岛是个怎样的地方？
利马总督的宝藏缘何成谜？

▲ 精美的祭具

可可岛，是一座距离哥斯达黎加海岸不到500千米的小岛。这个看上去普普通通的小岛，却拥有一段神秘而惊险的历史。几个世纪以来，这个被热带丛林覆盖的小岛就像磁铁一样，吸引着成千上万的寻宝者。

在17世纪，可可岛曾经是海盗的休息站。也就是在这里，很多海盗把掠夺来的金银财宝装卸、分赃、埋藏，使得这个无名小岛平添了一抹神秘的色彩。

据说，在可可岛上至少埋有6处海盗宝藏，其中最吸引寻宝者的是秘鲁利马总督的宝藏。这是世界海盗史上最大的交易之一，也是一笔令后世

▲ 图为南美独立战争时的情景

探索发现
DISCOVERY & EXPLORATION

汤普森藏宝清单

委内瑞拉加拉加斯博物馆珍藏着一份真假难辨的汤普森藏宝清单：一只货物箱，有8000多颗宝石；一只货物箱，内有9000枚金币、24把金宝剑、64把金匕首、120副金肩带和28个圆盾；等等。

75

无数寻宝猎人魂牵梦萦的巨额宝藏。

漂亮的银项链

18世纪末至19世纪初期，南美洲掀起了一场轰轰烈烈的民族独立战争。当起义军逼近秘鲁利马市的时候，利马市的西班牙总督仓皇出逃。当时只剩一条海路可以逃出利马，而可以横渡大海去西班牙的就只剩下爱尔兰船长汤普森的一条富丽堂皇的双桅横帆帆船"玛丽·迪尔号"，而且汤普森这时也准备起锚以避开迫在眉睫的最后决战。于是，利马总督用重金租下了"玛丽·迪尔号"，然后将他多年来搜刮的珍宝全都搬到了这艘船上。

据说，利马总督的珍宝包括113座宗教黄金雕像、200箱珠宝、273把黄金手柄镶嵌宝石的宝剑、1000颗钻石、几只金冠、150只金杯和数百根金条和银条。在当时，这些财宝可谓价值连城，其中最具传奇色彩的珍品是一尊圣母玛丽亚雕像，它和真人一般大小，全由纯金制成，重量超过1吨，而船上全部黄金饰品的总重量达27吨——这笔财宝的总价值至少超过了1亿英镑！

汤普森船长是个口碑较好、值得信赖的人，西班牙官员、主教和利马总督全都上了他的船，准备载着满船财宝驶向仍在西班牙控制下的墨西

利马老城已不见当年的征战场景

哥。可是令人没有想到的是，当船在茫茫大海中航行时，汤普森船长突然见财起意，杀死船上所有乘客，随后带着手下将夺来的财宝运到了可可岛上，并将满船珠宝都埋藏在岛上的一个秘密洞穴内。

在以后的日子里，四处流落的汤普森船长一直没有找到适当的机会重返可可岛取走宝藏，直至1844年，他离开人世，并留下了一张难辨真伪的藏宝图。

这张图混杂在后来流传的形形色色的藏宝图中，诱惑着世界各地的寻宝者。从此以后，寻宝者陆陆续续奔往可可岛，希望能够找到传说中的利马宝藏。据统计，先后已有500多支考察队来到可可岛进行考察，所耗资财数以千万计，而且无数人葬身于此。据说，其中有一个名叫奥古斯特·吉斯勒的德国人，从1889年开始就在可可岛上住了下来，疯狂地搜寻岛上每一个洞穴，一直找了整整20年，仍是两手空空。

也许太神秘，也许太虚假，也许太隐蔽，时至今日，这些传说中的宝藏仍然不见天日。

1978年，一件意料不到的事情使所有寻宝者目瞪口呆，哥斯达黎加政府以保护生态环境为由封闭了可可岛，严禁任何人挖掘。从此，可可岛便成为寻宝者心目中的"镜中花，水中月"，人们只能望"岛"兴叹了。

利马城里的无价之宝究竟藏在哪里？也许，它们仍然沉睡在可可岛上某个神秘的角落中。也许，只有雄鹰的锐利目光才能透过岛上谜一般的沙土、丛林、洞穴，看到寻宝者梦寐以求的宝藏。

▲ 人们凭借着指南针和藏宝图一次次地在可可岛寻找着宝藏

诡秘的羊皮纸宝藏密码

记录宝藏的羊皮纸是谁留下的？

羊皮纸中所记载的宝藏是否在塞舌尔群岛？

1730年7月7日，在印度洋波旁岛的一棵椰树下，正在准备进行一场处决。一个囚犯拼命推开刽子手套向他脖子的绞索，随后向蜂拥围观的人群扔出一卷羊皮纸，并大声吼道："去寻找吧，我的密宝就藏在那个地方，我的财宝属于能读懂它的人！"这个囚犯就是18世纪上半叶的法国大海盗，世界珍宝谜案史上的著名人物——拉比斯。

拉比斯，出生于法国中部的一个贵族家庭，曾经是一名法国海军军官。后来，他在醉酒中杀死了一名法国海军高级军官，最后索性跑到印度洋当起了海盗。拉比斯心狠手辣，率领着一支名为"黑鹰"的海盗船队，如幽灵般在印度洋海域上纵横驰骋。据说，在1716年至1730年间，拉比斯共劫夺了500千克黄金、60万千克白银，还有几百颗钻石及各类珍稀宝贝。1721年4月，拉比斯伙同海盗泰勒，抢劫了在印度洋波旁岛圣丹尼湾躲避风暴的葡萄牙船只"卡普圣母号"。船上还有两位显要人物：印度洋总督埃里塞拉伯爵和果阿大主教。据说，拉比斯当时并没有向总督和主教勒索巨额赎金，只是霸占了"卡普圣母号"，拿走了船上的钻石项链、首饰、珠宝匣、金条、

探索发现
DISCOVERY & EXPLORATION

拉比斯密码

拉比斯密码共有17排，每解开一排会得到一个谜语，每一个谜语有七个谜底，其中只有一个谜底是正确的，找出它，才能得到一个法语单词。当解出十七个法语单词，按照一定顺序排列，会再次形成一个谜语，而这个谜语的答案就是最后的藏宝地点。

银锭、衣料、家具和圣器，总价值大约300亿法郎。拉比斯把这笔财富偷偷藏匿到了一个岛屿上，为防止秘密泄露，他杀死了所有知情人。

1722年，法国海军将领居埃·特鲁安打败了英国海军，控制了印度洋海域，法国国王于是发布了大赦令。多数海盗借此机会洗手不干，改过自新，唯独拉比斯等少数海盗隐藏起来，仍在窥测时机，企图东山再起。

在一个夜晚，法军突然向拉比斯的老巢发动攻击，生擒了拉比斯。眼看大势已去，拉比斯以宝藏为条件，要求法国政府能够放过他，并暗示说，这个宝藏的藏匿地就在从塞舌尔群岛直到马达加斯加海角的印度洋海域上。可惜，他的如意算盘落空了，他被判海盗罪而处以绞刑。随着拉斯比的死去，那笔宝藏成了一个难解之谜。

拉比斯留下的那卷羊皮纸，其实是一封密码信，上面画有17排古怪稀奇的图样，每一个图样代表一个密码，看上去就像天书一样晦涩难解。谁能把它破译出来，谁就能得到那笔巨大的财富。

写在羊皮纸上的拉比斯密码如今珍藏在法国国家图书馆里，它的一

◥ 藏有宝藏的羊皮纸

份影印件落在英国探险家瑞吉纳·克鲁瑟韦金斯的手中。他对这17排图样进行了孜孜不倦地探索，终于破译了16排密码，只是对其中第12排图样仍寻求不到答案。

一天，他拿着一份印度洋诸岛的地图，对照羊皮纸仔细比较着。恍惚间，克鲁瑟韦金斯做了一个梦，他感到自己骑在一只巨鹰的背上，迎着夕阳飞向遥远的印度洋，来到一个荒岛上空，巨鹰一侧身，将他抛入了海中……克鲁瑟韦金斯觉得这是拉比斯在冥冥之中指引他。他指着地图上的塞舌尔群岛，暗暗下了决心。

一个多月后，克鲁瑟韦金斯来到了塞舌尔群岛，开始探宝。数天后，他来到一座小岛的东南端，发现这里怪石林立，怪石边有一处100多米深的陡峭悬崖。他目不转睛地往崖下细看，崖下海浪咆哮，发出震耳欲聋的声音。这时，夕阳染红西天，克鲁瑟韦金斯望着前方那块高耸的怪石愣住了：怪石在夕照之下竟成了"巨鹰"的样子！过了许久，海潮渐退，惨淡的月光下隐隐约约有个洞穴。克鲁瑟韦金斯激动地系上绳索，小心翼翼地攀下崖去。黑黢黢的洞中异常闷湿，克鲁瑟韦金斯点亮蜡烛，慢慢地进入洞的深处。可没过一会儿，海潮涌来，淹没了洞穴，克鲁瑟韦金斯葬身洞中！

宝藏果真在那个洞穴里吗？多少年来，探宝者不断地搜寻，然而他们不是葬身大

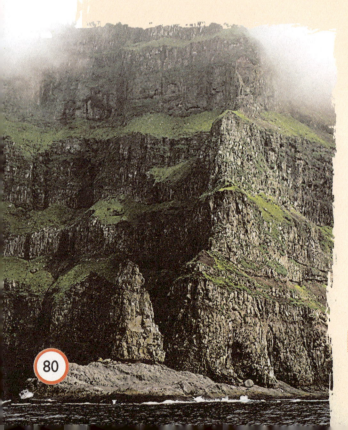

◀ 海盗的藏身之地

海，就是空手而回。这是拉比斯故设陷阱，还是克鲁瑟韦金斯破译有误？

20世纪80年代初，塞舌尔共和国以保护生态环境为由，封锁了塞舌尔群岛，严禁任何人在此处探宝。

那么，拉比斯的宝藏究竟在何处？还是说宝藏根本不在塞舌尔群岛？迄今为止，众说纷纭，莫衷一是。有人认为克鲁瑟韦金斯对羊皮纸的破译有误，尤其是对第12排的破译更是牵强附会，宝藏根本不在塞舌尔群岛。有些地理学家和海洋专家现场勘察后认为，从洞穴所在的地形和海潮间隔的时间分析，这里根本不具备藏宝的条件。近年来，还有一些人坚持认为，这世上根本没有什么拉比斯宝藏，羊皮纸是这个大海盗故意设下的陷阱……

现在，拉比斯的羊皮纸仍然静静地陈列在法国国家图书馆内，而卢浮宫的那份复制品同样吸引了世界各地觊觎拉比斯秘宝的人，至于拉比斯价值超过几百亿法郎的宝藏到底在何处，仍然是一个未解之谜。

▲ 海盗在印度洋这一大片区域纵横驰骋

▼ 很多人相信塞舌尔群岛藏有拉比斯的宝藏

无底怪坑宝藏之谜

橡树岛是否真的藏有宝藏？

橡树岛上的"怪坑"为何水源不断？

在加拿大东部的海岸线上，有一个像中型体育场那么大的小岛，名叫橡树岛。曾经，这里荒无人烟，只有浓密的灌木丛和橡树林。如从空中俯瞰，这个小岛的形状像一个问号。事实上，对寻宝者来说，它的确是世界上最大的问号，两百多年来一直困扰着一代又一代的寻宝者。

1795年10月，三位少年的到来开启了橡树岛不平凡的历史。他们发现朝海一面的大片红橡树林中突然出现了一片空旷地，中间独立长着一棵古橡树，树枝上似乎挂着一个古船的吊滑车，正下方有一个浅坑。三位少年立刻联想到了小说中经常描述的场景：海盗的宝藏都是装在破木箱里，埋在老枯树下，半夜时，这棵树的树枝阴影所落下的地方就是藏宝地。

确实，在17世纪时，橡树岛曾是海盗出没之地，其中有一个著名的海盗，名叫威廉·基德。1701年，他在伦敦被处决，临死前提出一个交换条件：若能免他一

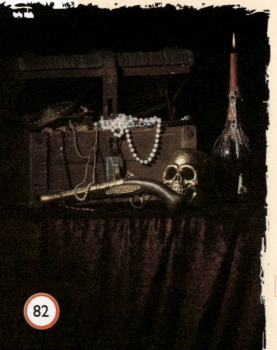

◀ 在人们的想象中，基德拥有数不清的金银珠宝

死，他愿告诉法官一个藏宝之处。但是，他遭到了拒绝，连同那批宝藏一道被送进阴间。从此，海盗基德的幽魂和宝藏一直在和寻宝者玩着捉迷藏的游戏。

那么，基德的宝藏是否就埋在此地呢？三位少年兴奋地开始挖掘。他们发现那个坑像一口枯井，每隔3米就碰到一块橡木板。在挖掘了很长时间之后，这个坑内仍旧只有沙土、橡木板。最后，他们放弃了。

1803年，一位年轻的医生对橡树岛产生了兴趣。他组织了一个探宝队，动用了大量人力和物力，当挖到27米深时，发现了一块刻有神秘符号的石板。经专家破译，这些符号的意思是：在此下面12米处埋藏了2000万英镑。得知这一消息，人们欣喜若狂，一边抽水一边挖掘，终于触到了一个类似箱子的硬物。人们以为发财梦即将实现，兴奋地谈起了宝藏的分配。可第二天天一亮，大家惊讶地发现，坑内的积水已达20米深，根本无法继续工作。但是，探宝队并未因此而泄气，他们在第一个深坑旁边又挖了一个洞，挖到30米深

与
探索发现
DISCOVERY
& EXPLORATION

威廉·基德

威廉·基德曾是英国政府御批的缉私船船长，后来受命在印度洋攻击海盗时误伤了英国皇家海军保护的莫卧儿帝国使者船，因此被英国政府认定为海盗，并下令捉拿。最终，基德在波士顿海岸被逮捕，在泰晤士河被处以绞刑。

❤ 多年来，有不少船只前往寻找基德的宝藏

83

后，再挖一条地道通向原先那个坑。这时，不知从何而来的大水突然涌进新坑，使得这项工程不得不中止。

1850年，一个新的探宝队企图找到橡树岛上的宝藏。他们运来了大型钻机，在原先的第一个坑里，一直钻到30米深，结果发现1条金表链和3个断裂的链环。操纵钻机的工人宣称，他感到钻头仿佛在一大块金属之中旋转。如果真是这样，钻头接触到的物体，会不会是一只巨大的藏宝箱呢？没人说得准。

然而就在这时，冬天来了，他们只得停工。第二年春天，大家回到岛上，准备让宝藏重见天日。在离原坑大约1米的地方，他们又挖了一个新坑，到夏天结束之前，这个坑已被挖掘到33米深，而且钻头感觉到下面有大块的金属。正当大家确信胜利在望时，历史又重演了以往的一幕，大水突然灌进新坑，坑里的工人差一点被淹死。

由于抽水工作毫无效果，人们不禁疑惑，这神秘的大水究竟来自何方？经过一番搜索，他们发现，海滩上有一条巧夺天工的地道，从大西洋直接通往藏宝坑。当然，谁都无法把大西洋的水抽干，单纯地淘水、抽水只能是白白浪费时间和金钱而已。人们想建一座大坝来挡住海水，可是费用太昂贵，结果不了了之。

20世纪初期，人们估计这笔宝藏价值1000万美元，到60年代，便传说有1亿多美元了。在挖掘"怪坑"时，曾有一个传

基德在泰晤士河送了命，后人还有有关他的诗歌

🔺 后世的很多海盗也都向往基德的宝藏

说，必须死掉7个人才能揭开其秘密。目前已有6人在企图到达坑底的途中不幸丧生，看来，秘密的揭开已为期不远了。

现在，一个由加拿大人和美国人组成的联合公司正在对这个怪坑进行前所未有的大规模发掘。到目前为止，他们在岛中心投资1000万美元钻了一口巨井，足足高达20层楼，并在其他地方钻了200个洞，有的达50米深，已接近岩层。当然，如此巨额投入也换来了一些回报，钻头从地下带出了金属制品、瓷器、水泥等物品。于是，这家公司格外自信，计划再挖一口直径24米、深60多米的大井，并预备了足够的抽水泵。看样子，他们准备将橡树岛翻个底朝天。

从1795年至今，橡树岛上的这个怪坑就像一个吸金的无底洞，已经先后有25家探宝公司因投入巨资寻宝而破产。人们期盼着怪坑宝藏之谜的揭晓，只是，它可能犹如埃及图坦卡蒙陵墓一般举世震惊，也可能是一个徒耗巨资的空洞。

🔻 基德船长曾在海上袭击过这些船队

鲁宾逊岛 百亿金宝谜案

鲁宾逊·克鲁索岛因何得名？
瓦格纳打捞公司找到鲁宾逊·克鲁索岛上的宝藏了吗？

在智利西部的太平洋海面上，有一座非常有名的美丽小岛。说它有名，除了岛上风景秀丽外，还有两大原因：一是英国作家丹尼尔·笛福的小说《鲁宾逊漂流记》的故事原型地就是这里，因而这座小岛得名"鲁宾逊·克鲁索岛"；二是据说这座小岛上埋藏着无数奇珍异宝。这座小岛曾经是海盗船的避难所，海盗们常常把这里选作藏宝地。

▲ 丹尼尔·笛福

传说，西班牙航海家胡安·伊斯蒂班·乌比雷·伊奇维里亚曾经将一笔价值连城的秘密宝藏埋藏在了岛上。到了1774年，英国著名海盗乔治·安逊将价值超过百亿美元的财宝埋藏于此，这是历史上最大的一批海盗藏宝。

于是，从1940年开始，一批批身份各异的寻宝者带着大量文献史料来到此地，不厌其烦地挖掘，而后又两手空空地离开。

1988年，百万富翁、荷兰裔美国人贝尔纳德·凯泽不惜卖掉

鲁宾逊的原型

1904年9月，一个经验丰富的水手——亚历山大·塞尔柯克与船长发生争执后，被遗弃在一个离智利海岸400多米的荒凉小岛。他独自在岛上生活了4年多，最后被途经此地的杜克船队所救。他就是《鲁宾逊漂流记》的人物原型。

86

家产，到岛上挖掘宝藏。可是，挖了整整5年后，除了一些中国宋朝的瓷器、一只可能属于英国海盗的烟斗等物品外，并没找到任何更有价值的物品，凯泽只能空手而归。

尽管如此，宝藏的诱惑力是不会消失的，寻宝者的热情也是不会减退的。日前，宝藏传说终于有了下文：瓦格纳打捞公司声称，他们动用的探测机器人找到了藏宝的具体地点，"如果从3处地点同时挖掘宝藏，只需12个小时就能完工"。

如果宝藏之说属实，那么这可能将是人类探宝历程中最重大的一次发现，其中可能包括864桶黄金，160箱金币，每箱重1300千克，200块金锭和21桶珠宝，甚至不止一件教皇桂冠，价值粗略估计也在百亿美元之上。只可惜，人们至今没有看到宝藏的真面目，只因打捞者守口如瓶。至于秘而不宣的原因，瓦格纳公司明确表态，先要确保自家利益，因为如果消息一出，当地政府、村民、打捞公司以及一些国家，势必会为财富归属争得面红耳赤，谁都不肯让步。

那么，这传说中的宝藏是否真的存在？具体能有多少珍宝？它们当年的埋藏者都是谁？这些谜题恐怕只能等喧嚣过后、时机成熟时才能得到解答了。

▲ 藏宝的海盗

🔻 智利每年都吸引很多人前来寻宝

300年前的盖特宝藏

盖特为何做了海盗？
盖特说出自己的宝藏秘密了吗？

在17世纪末，海盗四起，许多商船被抢。英国著名的海军将领盖特奉英国女王之命率军去保护印度洋的英国商船队。盖特自恃身经百战，只带了两艘快艇在海上游弋，结果遭到海盗船的突袭，全军覆没，只有他一人跳海逃生。由于害怕回去后被女王杀掉，盖特当上了杀人掠物的海盗。

▲ 神秘的太平洋的某个小岛上，就藏有盖特的宝藏

5年后，盖特聚敛了无数金银财宝，并把它们藏在太平洋上一个无名小岛的山洞中。之后，他决定金盆洗手。他在纽约定居，还娶了一名来自波士顿的寡妇。当时，盖特是唯一一位可以在纽约银行无限取款的客户。可惜，好景不长，他做海盗的事被发现了。

1700年，盖特被捕并送交伦敦法庭审判。1701年5月23日，他被判处死刑。临刑前，执行官给了他最后一次机会：只要盖特供出藏宝之地，便可免他一死。但是盖特拒绝了。盖特死后，这些珍宝也成了永远无法解开的谜题。

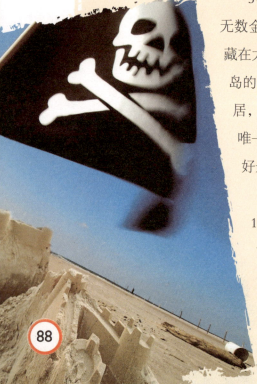

"圣荷西号"沉船的珍宝

"圣荷西号"是哪个国家的船只？
"圣荷西号"沉落在加勒比海中吗？

1708年5月28日，一艘西班牙大帆船"圣荷西号"缓缓从巴拿马起航，向西班牙领海驶去。这艘戒备森严的船上满载着金条、银锭、金币、金铸灯台、祭祀用的珠宝。这批珍宝估计至少值10亿美元。当时，西班牙与英国、荷兰等国正处于敌对状态。6月8日，"圣荷西号"在海上遭遇英国舰队的袭击。顷刻间，炮火密布，水柱冲天，几颗炮弹落在"圣荷西号"的甲板上，海水渐渐吞噬了它巨大的船体，"圣荷西号"连同600多名船员以及无数珍宝沉入海底。

▲ 早期的西班牙帆船

几百年后，经无数寻宝者的测定，"圣荷西号"的沉落地点终于有了一个大概的位置，它大约位于距哥伦比亚海岸约26千米的加勒比海海底。俗话说："近水楼台先得月。"1983年，哥伦比亚共和国公共部长西格维亚庄严宣布："圣荷西号"是哥伦比亚共和国的国家财产，不属于那些贪得无厌的寻宝者。人们估计，哥伦比亚政府已经勘察出沉船的地点，并很有可能开始打捞了。至于打捞的结果如何，仍不为外界所知。

◄ 不知有多少人到加勒比海的海底打捞"圣荷西号"

"黄金船队"宝藏疑踪

"黄金船队"是如何沉没的？

"黄金船队"上的财宝究竟有多少？

　　18世纪初，西班牙出现财政赤字，国王菲利普五世命令南美洲西班牙殖民当局把上缴和进贡的金银财宝用船队火速送往西班牙的塞维利亚市。6月12日，17艘满载着从秘鲁和墨西哥掠夺来的金银珠宝的大帆船离开了哈瓦那，朝西班牙领海进发，这就是"黄金船队"。

▲ "黄金船队"上的财宝不知何时才能重见天日

　　"黄金船队"驶到亚速尔群岛海面时，突然被一支由150艘战舰组成的英、荷联合舰队拦住了去路。无奈之下，"黄金船队"紧急驶往西班牙北部的维哥湾躲避。面对强敌的包围，最好的办法是从船上卸下财宝，改道陆地将财宝运往西班牙首都马德里，但偏偏西班牙政府有个奇怪的规定：凡从南美洲运来的东西必须先到塞维利亚验收。负责船队的总司令当然不能知法犯法，幸运的是，在皇后玛丽·德萨瓦的特别命令下，国王和王后的那部分金银珠宝被卸下，改从陆地运往马德里。

◀ 西班牙的船队

在被围困了一个多月后，英、荷联军约3万人在鲁克海军上将的指挥下对维哥湾发起猛攻。3115门重炮的轰击，摧毁了对方的炮台和障碍栅，西班牙守军全线崩溃，维哥湾很快沦陷。此时，"黄金船队"的总司令贝拉斯科陷入绝望之中，他下令烧毁所有运载金银珠宝的船只。瞬间，维哥湾成了一片火海，除了几艘帆船被英、荷联军及时截获外，绝大多数船只葬身海底。

这批财宝究竟有多少呢？据被俘的西班牙海军上将估计，约有4000—5000辆马车的黄金珠宝沉入海底。战争结束后，尽管英国人曾多次冒险潜入海底，但收效甚微，仅捞到了少量战利品。

从此，在"黄金船队"沉没的那片海域上，出现了一批批冒险家的身影，他们有的捞到了空空如也的沉船，有的捞到了纯绿宝石、紫水晶、珍珠、黑琥珀等少量珍宝，有的仍在苦苦寻觅……

如今，风浪海潮已经使沉睡海底的宝藏蒙上了厚厚的泥沙，众多传闻又使宝藏增添了几分神秘色彩。看来，那些冒险家要想找到"黄金船队"上的全部宝藏，绝非轻而易举的事情。

▼ 多年来，探险者们前赴后继，希望能找到"黄金船队"的财宝

探索发现
DISCOVERY & EXPLORATION

被劫的财宝

据说，"黄金船队"上从陆路运往马德里的一部分财宝，在途中遭到海盗的打劫，有一部分已经被抢走。传言说，这部分财宝就是装满1500辆马车的黄金，被藏在西班牙庞特维德拉山区的一个秘密之地。至今，仍有不少人前去寻宝。

淘金梦断惊魂夜

淘金热兴起在什么地方？

"中美号"因何沉于海底？

1849年，美国加州发现金矿的消息迅速传开，随即掀起了一股淘金热，北美洲西部和东部的冒险者们纷纷云集于此，为了一寸一分的矿地而争夺、火并、流血。整整8年后，一大群淘金者风尘仆仆，带着他们的妻子、孩子，以及一笔笔或多或少的黄金，辗转万里，准备回家，结束这种残酷危险的日子。

运载着这批淘金者的"中美号"汽船从旧金山出发了，汽船承载着750多人，其中有423名淘金者，还有他们随身携带的大批黄金。他们高谈阔论未来的幸福生活，却不知危险已悄悄临近。由于汽船严重超载，船体吃水太深，使

探索发现
DISCOVERY
& EXPLORATION

西进运动

从18世纪末到19世纪末20世纪初，美国展开了一场向西部扩张的运动，即"西进运动"。在这次运动中，大批冒险家不断向太平洋西岸推进，促进了美国经济的发展。而淘金热也正是这次西进运动的产物。

航行的安全系数大大降低，再加上这一带海域是著名的热带风暴多发区，随时可能遇到海上风暴。1857年9月10日，"中美号"汽船遇到了意料不到的灾难，一阵狂风暴雨突然来临，把汽船的船舱中部击裂，船体破开了一个大口子，海水一下子涌了进来。汽船开始慢慢地下沉，船上的人顿时陷入绝望与痛苦之中。

▲ 耀眼的黄金不知沾染了多少鲜血

幸好，船上还有一部分救生艇，但是它不能容纳船上所有的人，在最后的生死关头，怀揣着大量黄金的淘金者把生还的机会留给了妇女和儿童，他们经过短暂的商量后，迅速组成自救队，将船上的妇女、儿童先送上救生艇，妇女和儿童全部获救，而423名淘金者和他们的黄金全部葬身于海底。

那些被经过这一带海域的船只救起的幸存者们，不断地诉说着淘金者的英勇无畏。但遗憾的是，或者由于惊恐过度，或者由于年纪太小，他们中的每一个人都无法确定沉船的准确方位，所以这批加州黄金的下落也成为一个不解之谜。

进入21世纪，就在"中美号"即将被人们淡忘之时，一个名叫史宾塞的寻宝专家突然宣称：在花费了整整20年时间之后，他终于找到了"中美号"的沉船地点。正当人们充满期待的时候，消息却戛然而止，至今还没有传出史宾塞把这批黄金打捞上来的消息。是史宾塞误判了，还是另有隐情呢？看来，谜底的揭开还有待时日。

▶ 沉船上的人体遗骸

"阿波丸号"珍宝知多少

"阿波丸号"有哪些财富?

"北京人"头盖骨化石真的在"阿波丸号"上吗?

1945年3月28日,"阿波丸号"远洋油轮被日本军队征用,在新加坡乘载了从东南亚一带撤退的大批日本人驶向日本本土。4月1日午夜时分,在航行到我国福建省牛山岛以东海域时,"阿波丸号"被正在该海域巡航的美军"皇后鱼号"潜水艇发现,并遭到数枚鱼雷袭击,随后迅速沉没,全船2009名乘客及船员中,只有一人幸免于难。

这一惨重的沉船事件,使国际社会为之震惊。而当人们听到隐藏于"阿波丸号"船上的惊人财富时,这种震惊更是难以言表。据说,船上载有黄金40吨、白金12吨、工业金刚石15万克拉,大捆纸币价值不菲,人工制品、工艺品、宝石40箱,价值不菲。除了这些金银财宝,"阿波丸号"沉船上很可能还有一件无价之宝——"北京人"头盖骨化石。

20世纪20年代初,在北京附近的周口店龙骨山上,几位杰出的人类学家在苦找了多年以后,终于有了一个伟大的发现——周口店北京猿人遗址。然而,1937年7月7日,日军在卢沟桥发动了"七七事变"。经过激战,同年日军占领了北

北京周口店猿人洞

▲ "北京人"头盖骨化石

京。为了避免国宝落入敌手，许多有识之士都要求把"北京人"头盖骨化石送往国外。但令人遗憾的是，它在1941年从中国大陆神秘地消失了，从此去向不明。有传言说，"北京人"头盖骨化石就在沉没的"阿波丸号"上。

为了证实传言的准确性，中国政府于1977年对"阿波丸号"沉船进行了打捞。打捞小组一共捞起锡锭近3000吨，其他物资2800吨，共计5800吨，价值5000万美元。然而，人们没有发现"北京人"头盖骨化石的踪影。虽然疑问丛生，但中国政府还是于1980年结束了打捞工程，牛山海域恢复了往日的宁静，而对沉船宝藏的争论却始终没有平息。那个引发无数猜想的"阿波丸号"船舱依然埋在海底，它里面真的有价值50亿的财宝吗？传说中的黄金在哪里？还是"阿波丸号"根本没有装载黄金？失踪的"北京人"头盖骨会在船上吗？这一切至今还是个谜。

与 探索发现
DISCOVERY & EXPLORATION

"阿波丸号"沉船之谜

"阿波丸号"沉没后，日方放弃了索赔权利，也未公布调查结果。1973年3月，日本一位原军官揭露："阿波丸号"当时可能配备了自爆装置。而"阿波丸号"事件中唯一的幸存者始终对那天的真相保持沉默。这些情况更让"阿波丸号"充满谜团。

▼ 很多人相信，"阿波丸号"还存在于海底

绝密深海探宝行动

"泰星号"缘何成为东方的"泰坦尼克号"？
迈克尔·哈彻为何要将找到的宝物砸碎？

1999年的一个深夜，一艘神秘的外国小艇悄悄来到中国南海一个无名海域，这里暗礁遍布，十分危险。但是，小艇的主人毫不畏惧，一点一点地搜索着。他就是海底寻宝人——英国人迈克尔·哈彻。所谓海底寻宝人，也就是海中的盗墓贼。

迈克尔·哈彻30岁时在澳大利亚成立了一家海洋商业打捞公司，打捞二战期间被击沉的商船和军舰，回收商船上运载的锡、橡胶和废旧金属。一个偶然的机会，哈彻遇上了他人生中的第一艘古船——载有2.2万件中国明代瓷器的南海沉船。他试探着向收藏家打听这些瓷器是否值钱，结果得知这些瓷器价值竟高达数百万美元！自此，哈彻决定改变方向——寻找中国古沉船。为此，他出入图书馆、大学，聘请大学生们搜集旧航海图和海运情报。渐渐地，哈彻成名了。到目前为止，他打捞出80多艘二战军舰和古代沉船，摇身一变，成了"最出色的海洋探险家"。

这一次，哈彻把目标锁定在一艘名为"泰星号"的清代沉船，它满载着宝物奇迹般地沉没并消失于苍茫的海水中。在无数寻

◀ 哈彻热衷于寻找海底沉船

宝人的心目中，它是东方的"泰坦尼克号"。

1999年，哈彻重金聘请的考古人员竟然在荷兰人詹姆斯·哈斯伯格所写的《东印度航行指南》上发现了这个惊人的秘密宝藏："1822年1月14日，'泰星号'从中国厦门港出发，驶往爪哇。这是一艘长50米、宽10米、重1000多吨的巨型帆船，船上载有2000多名乘客和船员，压舱的是100多万件福建德化瓷器，包括茶具、水杯、化妆盒等。船驶到中沙群岛时，不慎触礁，完全沉没。2000多名乘客中，只有198人被路过的'印第安娜号'救起，其余全部葬身海底。"

哈彻立即顺藤摸瓜，找到了"印第安娜号"的航海日志。在泛黄而破损资料中，他大致锁定了"泰星号"的沉没位置，然后带上自己的船队，悄悄地潜入中国南海海域。

在头一个月里，搜寻工作并不顺利。直到1999年5月10日晚上，声波定位仪才显示出不规则的海床，可磁力计并没有太大异常，两个先进的仪器所测的结果不相符，哈彻也就没有抱太大希望。

两天后，也就是5月12号，潜

▼ 美丽的南海成为哈彻的目标

探索发现

DISCOVERY & EXPLORATION

泰坦尼克号

"泰坦尼克号"是英国白星公司所建的一艘奢华巨船。1912年4月，"泰坦尼克号"在首次航行中撞上冰山后沉入海底。后来，"泰坦尼克号"的船体被发现，人们打捞上来无数珍宝。从此，有不少人对打捞沉船更为热衷了。

水员潜入30多米深的海底，看见了一个又一个的直径达1米的铁环，然后发现了一处小山似的堆积物，堆积物高4米，占地面积400多平方米，竟然全是瓷器！即使在暗无天日的海底，肉眼也能辨认出杯子、盘碟、花瓶的形状。哈彻大喜过望，请来了英国著名海难研究专家尼戈尔·匹克福做鉴定。匹克福给出了结论："这就是'泰星号'！

🔺 不知有多少瓷器惨遭哈彻的毒手

这百万件瓷器全部出自康熙年间的中国四大窑系，几乎件件都是精品。"有了这颗"定心丸"，哈彻毫不犹豫地下令打捞，百万件清代康熙年间的瓷器被打捞上来。捞宝船队上的人都露出垂涎的目光，哈彻却命令砸碎它们！因为对哈彻来说，在世界文物收藏市场上，永远是物以稀为贵。

最后，哈彻从沉船上挑选36.5万件精品，偷偷运出了南海，运回德国待价而沽。随后，持续了9天的拍卖会，为哈彻带来的是整整3000万美元的横财。

就这样，哈彻走了，却把浩劫留了下来，百万件瓷器中，60多万件被砸得粉碎，沉船和遇难者的遗骸丢得到处都是。在古代海上丝绸之路的必经之地——南海，这样一场文物浩劫，为中国的文物保护工作敲响了警钟。

◀ "泰坦尼克号"的沉没

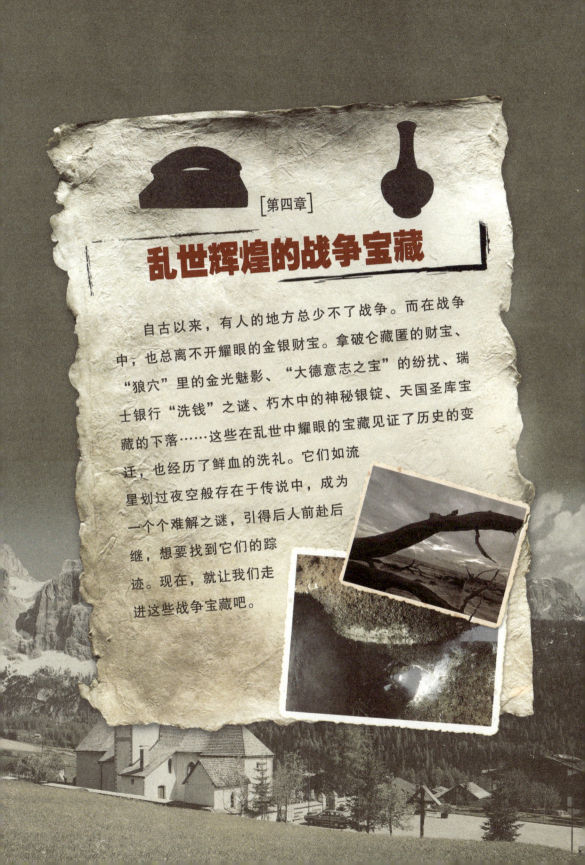

第四章

乱世辉煌的战争宝藏

　　自古以来，有人的地方总少不了战争。而在战争中，也总离不开耀眼的金银财宝。拿破仑藏匿的财宝、"狼穴"里的金光魅影、"大德意志之宝"的纷扰、瑞士银行"洗钱"之谜、朽木中的神秘银锭、天国圣库宝藏的下落……这些在乱世中耀眼的宝藏见证了历史的变迁，也经历了鲜血的洗礼。它们如流星划过夜空般存在于传说中，成为一个个难解之谜，引得后人前赴后继，想要找到它们的踪迹。现在，就让我们走进这些战争宝藏吧。

拿破仑把财宝藏在何处

拿破仑的财宝是如何得来的？
斯托阿切湖真的藏有宝藏吗？

▲ 拿破仑的珍宝很难寻觅

　　1812年5月，法国皇帝拿破仑率领50万大军远征俄国，并于同年9月14日占领莫斯科。不料，当天晚上城内有几处起火，火势越来越大，整整持续了6天6夜，饥饿和严寒威胁着法军。由于战线拉得太长，法军的交通运输常遭俄军袭击，粮食和弹药供应不上，而俄皇亚历山大一世又不肯接受和谈，所以拿破仑不得不放弃莫斯科，于10月19日向西南方向缓慢后撤。根据俄国历史学家亚历山大·米哈洛夫斯基·达尼列夫斯基的回忆录以及司各特的小说《拿破仑的一生》的记载，拿破仑从莫斯科撤退时，带走了从克里姆林宫掳取的大量战利品。俄军统帅库图佐夫元帅的副官达尼列夫斯基说："这批战利品约重10—15吨，包括大炮、餐具、毛皮、金银币以及伊凡大公的十字架。"在撤退过程中，拿破仑军队不断受到俄军和农民游击队的狙击，法军庞大的辎重队

◀ 克里姆林宫具有许多珍贵的藏品，因此成为拿破仑的掠夺对象

中有25辆装满战利品的马车突然失踪了。自那时起，近两个世纪以来，拿破仑的这批战利品究竟隐藏在哪儿，就成了一个不解之谜。

有人认为，这笔辎重和战利品是法军在撤退途中有意扔下的，就埋藏在维亚兹马附近的斯托阿切湖湖底。20世纪60年代初，应苏联《共青团真理报》的倡议，一批专家前往斯托阿切湖寻宝。人们在长约40米、宽5米的地带发现了大量的金属矿藏，化学家化验出湖水中银的含量要比一般银矿石中银的含量高出百倍。探宝者接踵而来，由于湖里淤泥太多，他们下到湖中的深度从未超过6米，什么珍宝也没找到。苏联解体后，一些俄罗斯专家决定再次搜寻"拿破仑的珍宝"，但当地村庄的居民担心湖被挖空，生态系统会恶化，坚决反对寻宝，所以寻宝之事一直没有什么大的进展。

▼ 拿破仑率军进入莫斯科

探索发现
DISCOVERY & EXPLORATION

拿破仑之死

1815年，拿破仑在滑铁卢战役中败北，此后，他被囚禁在圣赫勒拿孤岛上，并于1821年5月5日死去。当时的尸检结果说，拿破仑是死于胃癌。但人们在化验拿破仑头发时，发现了相当数量的砒霜。这就使拿破仑之死成了一个难解之谜。

"狼穴" 金光魅影

> "狼穴" 是什么？
> "狼穴" 中藏有多少财宝？

在波兰格鲁贝尔河畔，有一座并不起眼的小城，名叫凯特尔赞，以前又叫拉施坦尔，如今这里一派东欧小城的优美和宁静，林木茂密，鸟语花香，然而就在这片宜人的茂林深处，竟隐藏着一座恐怖的地下城堡——"狼穴"，它是纳粹元首希特勒的秘密大本营之一。

希特勒

"狼穴" 的入口非常不起眼，只有几间木屋，从外面看起来更像是一个夏令营营地，其实里面却藏着惊天秘密。在二战期间，这里是绝对不允许进入的禁区。

"狼穴" 是一座名副其实的钢筋混凝土城堡，四周有80多处野外防御工事和犬牙交错的地雷网与死亡地带，里面有办公室、套间、图书馆、档案室、宿舍、兵营、食堂、娱乐室、健身房、游泳池，以及一座负责照明、取暖和空调的发电站，还有一个地下铁道网车站，一座地下飞机降落场，一所医院和一条秘密高速公路。

高度的严密性和安全性，使得 "狼穴" 成为希特勒的大本营。

纳粹的党旗

大肆扩张的德国军队

从1939年到1944年，"狼穴"就是希特勒的参谋部，一系列秘密军事攻击计划都是在这里拟订的，纳粹德国在欧洲各占领国推行的诸多社会施政方案也是从这里发出的。

为了确保"狼穴"的绝密性，修建"狼穴"的工人在工程结束后都被枪杀，制定"狼穴"工程方案的工程师和设计者也被送上一架飞机载往德国西部，但在降落时，飞机爆炸了。

可以说，"狼穴"里上演了无数惊险的故事，但日后最牵动人心的一件事，就是在"狼穴"里还有一家造币厂和一家银行。据传，纳粹分子在这座神秘的地下金库里存放着一笔数量相当惊人的黄金、白银和各种珍宝。这笔财产是为了一个神秘的政治目的而准备的，也就是说，遵照希特勒的命令，按照希特勒的设计，为使大德意志帝国在20世纪末能够重新崛起而准备的。

1945年4月，人们发现，有近千辆卡车在负责转移德国银行的财产，这笔财产按当时的估价相当于3500亿法郎。此外，还有一大批首饰、金条、宝石、稀世艺术珍品，以及纳粹头目的私人财产和教会财产，还有从意大利、南斯拉夫、希腊和捷克等国的犹太人身上掠夺来的财产等，其总价值估计可达7000亿法郎。据说，他们

探索发现
DISCOVERY & EXPLORATION
纳粹的宝藏

纳粹掠夺的宝藏不计其数，其中最为著名的有：希特勒"狼穴"金库、大德意志之宝、隆美尔宝藏、墨索里尼东林宝藏等。对于纳粹宝藏，有人认为是弥天大谎；但更多的人坚信那些巨额财富一定隐藏在某个角落，等待着发掘者的到来。

在执行一道希特勒的密令，即把当时还留在德国的所有财宝以国家财产的名义隐藏起来。

第二次世界大战中，纳粹德国不仅滥杀无辜，而且掠夺了许多国家的财物和艺术珍宝。在疯狂践踏各国领土的同时，希特勒还精心组织了一支特别部队，其任务就是专门有计划地对各国的珍贵文物、金银财富进行大规模的抢劫。纳粹每占领一个国家，其财政人员便立刻夺取这个国家的黄金和外国证券、外汇等，并向这些国家征收数目惊人的"占领费"。据德国官方的一份秘密报告表明，到1944年7月为止，从西欧运到德国的文物共装满了137辆铁路货车，总计有4174箱，共21903件，仅绘画就有10890幅，其中不乏名家杰作。几经瓜分、秘密隐藏之后，纳粹宝藏形成了令人垂涎的八大宝藏，其中，"狼穴"金库就是最为有名的一个神秘藏宝地。

纳粹宝藏的数目如此巨大，自然引起了许多人的垂涎。战争结束

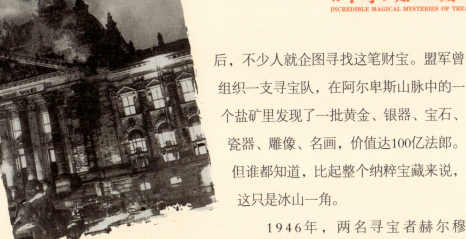

后，不少人就企图寻找这笔财宝。盟军曾组织一支寻宝队，在阿尔卑斯山脉中的一个盐矿里发现了一批黄金、银器、宝石、瓷器、雕像、名画，价值达100亿法郎。但谁都知道，比起整个纳粹宝藏来说，这只是冰山一角。

1946年，两名寻宝者赫尔穆特·迈尔和路德维格·皮切尔，带着一份不知从何处得来的地图走进了"狼穴"附近的山区。不久，人们就发现了他们的尸体。在离尸体不远处，有几个已经

被纳粹分子放火焚烧的国会大厦

被挖开了的洞穴。看来，他们一定是发现了什么，而洞穴中埋藏的东西已被秘密转移。后来，这个地方曾连续发现尸体和8个已经被掏空的地洞。警方分析，所有这些暗杀和失踪事件都表明，隐藏在山区的财宝是被前纳粹突击队严密控制和守卫着。

战后几十年来，人们在"狼穴"内几经搜寻，都没能找到这座令人难以琢磨的地下金库。人们猜测，很可能有一些秘密通道，其出口大概在"狼穴"20千米或者更远的一些地方。

不过，无论传说中的"狼穴"宝藏是多么惊人，人们却从未发现这笔财产的编制清单。因此，有些人认为"狼穴"宝藏很可能是凭空想象出来的，但也有人坚信确有其事。

无论传闻有多神奇，有一点可以肯定，那就是确实存在着一个"狼穴"。到底谁能找到宝藏之门呢？让我们拭目以待。

战后，无数人想找到纳粹的宝藏

隆美尔珍宝之谜

隆美尔是谁?
隆美尔将财宝藏在何处?

▲ 隆美尔

　　1944年10月14日，一队党卫军来到了纳粹高级将领隆美尔的住所。隆美尔知道他们的来意，因为当时自己被卷入了一宗刺杀希特勒的事件中。此时，欧洲战场上形势严峻，纳粹军队节节败退，希特勒极度愤怒，自己命在旦夕。果然，来人给了隆美尔两个选择，要么接受审判，要么服毒自尽。隆美尔选择了后者。就这样，隆美尔的一生结束了。可关于他和他的珍宝的故事远没有结束。

　　生性狡猾的隆美尔善于用兵，在北非沙漠战场上赢得了"沙漠之狐"的称号。这只"沙漠之狐"将狡猾同样用在了藏宝上，使得后人的寻宝之路变得困难重重。

　　据说，隆美尔曾在北非疯狂地屠杀当地居民，尤其是那些富有的酋长。只要那些酋长稍微表现出反抗之意，就会遭到残忍地杀害，家产被没收。就这样，隆美尔用如此

◀ 正在北非战场上侦测的德军炮兵观察兵

106

野蛮血腥的手段在很短的时间里聚敛了一大批珍宝。

关于这批珍宝，恐怕就连隆美尔自己也不清楚其确切数量！他死后，这批珍宝埋藏地点、方位、标志的线索便完全中断了。

对于隆美尔的这批珍宝，一些西方的冒险家垂涎三尺，朝思暮想，希望有朝一日发掘出这批珍宝，据为己有。他们不惜重金派专家南来北往，查阅有关密档，又千方百计地寻找所有的知情人。关于调查的结果，说法各不相同，但均不甚确凿，弄得冒险家们一时不知从何下手。

坊间传言，在战场形势不利的情况下，隆美尔调集了一支高速摩托快艇部队，将90余箱珍宝由突尼斯横渡地中海运抵意大利南部某地密藏。不料，快艇部队被英国空军发现。隆美尔下令炸沉所有快艇，于是满箱珍宝就这样在科西嘉浅海区沉没了。从那以后，不时有人潜入科西嘉海底搜寻，可是一无所获。是科西嘉的海面过于辽阔呢，还是沉船的具体位置并不在科西嘉岛？抑或隆美尔并没有炸沉快艇，甚至艇上并未载有珍宝？这谁也说不清。

◆ 谁也说不好，科西嘉岛附近的海底是否有隆美尔的宝藏

探索发现 与
DISCOVERY & EXPLORATION

女武神计划

1944年7月20日，由克劳斯·冯·施陶芬贝格上校为首的德国国防军军官和另外一些人计划以在"狼穴"安炸弹的方式刺杀希特勒。这次政变被称为"女武神计划"。后来，政变失败，参与人员均遭到了希特勒的血腥报复。

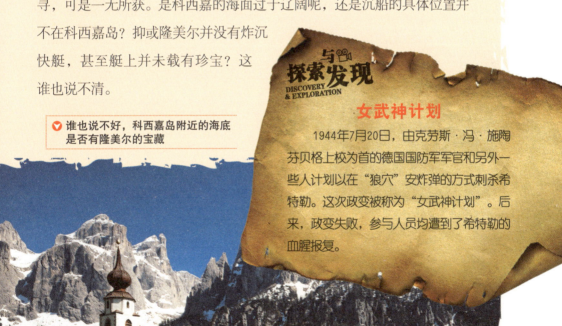

"马来之虎"宝藏寻踪

"马来之虎"指的是谁？
马科斯为何会有"马来之虎"的宝藏？

1985年，一笔暗中进行的巨额黄金交易引起了人们的注意：有人在抛售总价值300多亿澳元的黄金。几经调查，这笔巨额黄金的幕后主人竟是菲律宾前总统马科斯。当时，马科斯正被菲律宾新政府通缉。随着调查的深入，人们发现马科斯居然还有更加庞大的财产。而这些财产的来源则是著名的二战宝藏之一——"马来之虎"宝藏。

"马来之虎"是二战期间日本东南亚战区司令山下奉文的绰号。二战时，他率日军攻克了泰国、新加坡、马来西亚及菲律宾，一举占领了东南亚。在侵略这些国家的时候，山下奉文拼命

探索发现
DISCOVERY & EXPLORATION

新加坡大屠杀

在第二次世界大战期间，新加坡华侨积极抵抗日军，支援中国抗战。因此，在新加坡沦陷后，山下奉文命人制定了《肃清华侨计划》，从1942年2月18日到25日，日军对当地华侨进行了惨无人道的大屠杀。

🔻 日军在东南亚犯下了滔天罪行

搜刮民财，聚敛了巨额财宝。不过，到1944年秋天，日军在东南亚战场上节节败退，麦克阿瑟将军率领美军反攻菲律宾。情急之下，山下奉文让人将这些搜刮来的黄金、宝石等埋藏起来，然后将搬运财宝的人统统杀死，而藏宝图也被分为若干份由亲信秘密带回日本。随后，山下奉文所率日军全军覆没，他本人也难逃法网，被盟军判处绞刑。从此，"马来之虎"宝藏便成为二战遗宝中的一大谜案。

1970年，菲律宾一位探险家洛塞斯经过8个月的挖掘，在一座山谷中发现了无数尸骨，随后又发现了一座金佛。金佛的头部可以旋转开，佛肚是空心的，里面藏有无数钻石、珠宝。洛塞斯将金佛运回家，而且拿出来让亲友们观赏。据他考证，这便是"马来之虎"宝藏的一部分，山中可能还藏匿有其他珍宝。据估计，金佛的价值高达2000多万美元，腹中所藏钻石、珠宝的价值则无法估量。

消息传到了时任菲律宾总统的马科斯的耳朵里，他运用手段夺得这些财宝。后来，他领导的政府因为贪污腐败被菲律宾人民推翻，他仓皇逃到美国。据说，马科斯在临死之前曾在友人面前立下口头遗嘱，要将他私藏的价值40多亿美元的黄金捐献给菲律宾人民。不过可惜的是，他还没有说明藏金地点，便陷入昏迷，随后一命呜呼。

马科斯死了，这笔宝藏究竟藏在何处？又有多少呢？看来，只有死去的"马来之虎"和马科斯本人知道了。

菲律宾号称"千岛之国"，也不知哪个岛上藏有山下奉文的宝藏

"大德意志之宝"的纷扰

"大德意志之宝"真的存在吗？
宝藏的知情者为何纷纷被杀？

1944年，德国一支部队接到了希特勒的密令："把当时还留在德国银行内的所有财宝以'国家财产'名义隐藏起来。"这批宝藏被称为"大德意志之宝"。此后，近千辆卡车便开始转移德国银行内的财产。这笔财产按当时的估价，相当于7000亿法郎。

1945年，美国陆军上将巴顿将军的先头部队在德国

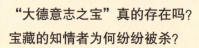
在德国的地域上，还有哪些地方埋藏有纳粹的宝藏呢？

人们在德国的魏玛发现了纳粹的宝藏

魏玛的一座盐井底下发现了一处纳粹藏匿宝藏的地方，那里藏有285吨黄金、价值5.2亿美元的各种货币和200万册珍贵图书。之后，人们相继在德国各地都发现了大量宝物，但迄今为止，仍有许多珍宝下落不明。自1946年以来，开始不断有寻宝者被杀事件出现。人们猜测，这很可能是护宝的纳粹分子所为。现在，许多国家的政府都密切关注着这笔财富。人们期待着剩余的"大德意志之宝"能有一天重现于世。

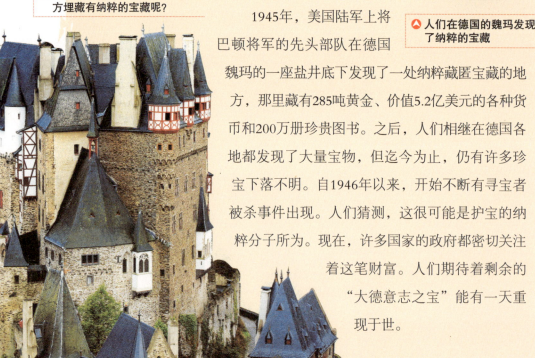

110

瑞士银行 "洗钱" 之谜

瑞士银行与纳粹有什么秘密交易？

纳粹真的在瑞士银行中存入巨额财富了吗？

　　自20世纪90年代以来，美国陆续解密了上千份二战时期盟军的文件。据其中一份备忘录记载：二战期间，纳粹德国把掠夺来的数以亿计的财富送往中立国瑞士，瑞士银行则帮助德国 "洗钱"，并把这笔巨额财富兑换成瑞士法郎。虽然这种交易是在绝密的 "地下状态" 进行的，但终究难以瞒天过海。据说，纳粹德国对瑞士非常信赖，因此将大部分财富存入瑞士银行。瑞士政府在这个问题上一直遮遮掩掩，遭到了瑞士国内和国际舆论的一致谴责。一些国际舆论认为，瑞士银行接受纳粹财富是一种分赃行为。这一系列指责严重损害了瑞士银行的国际形象，部分瑞士国民也觉得政府应当把历史真相查清。但事情已经过去了半个多世纪，几乎所有当事人和知情者都已不在人世，再加上瑞士银行自身的一套纷繁复杂的保密制度，无疑加剧了查清问题的难度。瑞士银行里是否真的藏有纳粹的巨额财富？这已经成为了一个难解之谜。

❤ 总部设在苏黎世的瑞士银行，难道真的存有纳粹的巨额财富吗？

破解**项羽的金锣密码**

项羽的金锣是怎么来的?
项羽的宝藏藏在什么地方?

在浙江省绍兴柯岩的项里村,一直流传着一个有关宝藏的传说:西楚霸王项羽曾在村子某处埋下了12面金锣,而找到这些金锣的关键就是破译村东草湾山上所刻的神秘藏宝图。

草湾山海拔约70米,东西长400余米,山的西面是一座新修的项羽庙,由于山上覆盖着厚厚的灌木林,所以村民很少上山。据说,藏宝图就在人迹罕至的草湾山一侧。那是一块不规则的五边形石头,从侧面看呈拱形,宛如一个巨大的乌龟背。

不知是谁,也不知是何时,在这块大石头上用锋利的锐器刻画下了几个符号。所刻的笔画都是横和竖,方方正正,样式古朴,不似篆文,

◆ 安徽灵璧的项羽像

探索**与**发现

DISCOVERY & EXPLORATION

金锣

锣之所以能够敲响,是因为它是用铜和锡的合金加工而成,而黄金的硬度很低,当锣中黄金含量达到80%时,锣就不能响了,也就失去了操练和传递信号的作用。所谓金锣可能是鎜于——我国古代的一种打击乐器。

⬆ 《史记》中记载着
项羽金锣的故事

也不似金文，整个图形不像文字，倒酷似房屋的平面图。随着时光的流逝，整个符号的表面已很粗糙，各个笔画的边角已变得光滑。这传说中的12面金锣究竟是怎么回事呢？据《史记·项羽本纪》记载，项羽因叔父项梁犯命案，两人一同避难吴中，曾有一段时间生活在会稽（即绍兴）一带。两人隐居在项里村，得当地村民庇护。此后，他们暗中积聚力量，招兵买马，很快就募集了8000江东子弟在附近练兵，并铸12面金锣日夜操练。起兵前夜，项羽为报答村人，命士兵在山上一个隐秘的地方连夜埋下12面金锣。

如果这石头上所刻藏宝图确实是项羽所留，那么它至少存在了2000多年，为什么就没有人揭开谜底呢？

据当地村民介绍，草湾山上的神秘符号只是项羽所留藏宝图的一部分，当年项羽将藏宝图分开刻在了几块石头上，必须找到其他的藏宝图，然后将它们拼凑在一起，才能得到解开整个藏宝图的"钥匙"。如果真是这样，完整的藏宝图到底是由几块石头组成的呢？项里村的村民无人知晓。据说，村里曾有好事者寻找过藏宝图的其他部分，但最终没有结果。目前，被发现的就只有草湾山上的那一块。

根据目前这块宝藏图上的符号，有

⬇ 有专家称，项羽的
金锣有可能是錞于

113

人总结出了一句话：庙前庙后三角田头三眼桥头三岔路口。那么，这个地址具体在哪儿呢？有一位研究项里村项羽文化多年的村民上山考察，最后做出判断，认为项羽当年埋藏的宝藏可能就在村口的一口枯井下。遗憾的是，枯井早已被新修的水泥马路填平了。

此人解释道，"庙前庙后"就是说宝藏在项羽庙的前后；"三角田头"是在项羽庙不远的地方有一个三角形的田地；"三眼桥头"的位置起初难倒了他，找遍全村，也没有发现有"三个眼"的桥。一次偶然的机会，他听村子里的老人家说，项羽庙附近曾有一座三个桥洞的小桥，后来修路拆掉一个洞，于是，"三眼桥头"这句话迎刃而解——它就是现在项羽庙旁边的只有两个桥洞的小石板桥，桥下是清澈见底的小河流。"三岔路口"更好找，就是石板桥附近的一个三岔路，现在被修成了水泥路，贯穿着整个村子。

项里村的村民得知这个推测地点后，大多不以为然。有一个村民说，20世纪80年代时，他家在马路边上盖房子，挖了一米多深的地基，并没有发现有什么金锣。

多少年来，项里村的村民不厌其烦地传说着"项羽宝藏"的故事，但是当宝藏埋藏地点有了着落时，村民们却不为所动，连挖开马路看一看的想法都没有。所以，刻有神秘符号的石头依然在草湾山里安静地守候着，它守候的不只是一笔宝藏，更是一段不为人知的神秘历史。

▼ 垓下之战令项羽一败涂地

朽木中的**神秘银锭**

张献忠是谁？
张献忠"江口沉银"是真的吗？

△ 明代银元宝

2005年4月20日上午，四川省彭山县岷江大桥附近的老虎滩河床引水工程建设工地上，一辆挖掘机从河床3米深处掘起一铲砂土，伴随着砂土落地的，还有一截像朽木一样的东西。眨眼间，一枚枚银子撑破朽木的肚子滚了出来。事后，经彭山县文管部门初步鉴定，这批被挖掘出土的银锭为明代官银。河床中为何会有成批的银锭？这不由得让人想起一个流传甚久的有关张献忠宝藏的传说。

张献忠是明末清初纵横川陕地区的一位农民起义军领袖，曾定都成都，建立了大西国。从1630年起事到1646年兵败而亡的16年间，四川的财富可以说被他尽纳囊中。有历史学家粗略估算了一下，张献忠至少拥

▽ 成都一度是张献忠所建立的农民政权都城

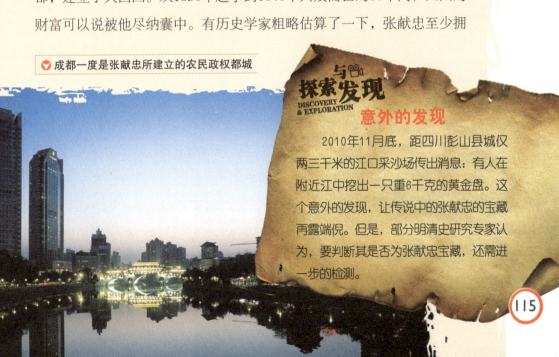

探索发现
DISCOVERY & EXPLORATION
意外的发现

2010年11月底，距四川彭山县城仅两三千米的江口采沙场传出消息：有人在附近江中挖出一只重6千克的黄金盘。这个意外的发现，让传说中的张献忠的宝藏再露端倪。但是，部分明清史研究专家认为，要判断其是否为张献忠宝藏，还需进一步的检测。

有千万两白银。后来，清军入关，张献忠被杀，他的宝藏因此下落不明。

张献忠"西王之宝"玉玺

不知从何时起，在成都平原西南部的彭山县，流传着这么一段故事：相传，大西军兵败成都时，十几艘大船沿岷江顺流而下，在彭山境内被清军预先埋设的铁链拦住。于是，大西国押运船只的兵将凿沉船只，登岸而逃。当清军登上那些尚未完全沉没的大船后，却发现船上装载的全是石块。这无疑是张献忠使出的障眼法，真正的财宝早就沉于江底了。彭山县还流传着一首歌谣："石牛对石鼓，银子万万五。有人识得破，买尽成都府。"这首歌谣被认定为破解大西王张献忠藏宝之地的"密码"。300年来，寻找张献忠宝藏的热潮从未间断。

民国时期，一位姓杜的清朝遗老受到过曾任四川省府秘书长杨白鹿的接济，为了报恩，他将一个檀木匣赠予杨白鹿，并说匣内所藏就是张献忠埋银的地点图样——当时参与埋银的一名石匠偷偷绘制此图。1937年冬，杨白鹿将此事告诉了好友马昆山，两人成立了锦江淘金公司，专事打捞张献忠宝藏。他们按照原图纸方位丈量、探索，推断出埋藏金银的地点就在成都望江楼下游对岸，原石佛寺下面三角地段的交叉点左侧的江边。于是，趁着1938年冬天河水较少的良机，锦江淘金公司组织大规模开挖，却没有任何收获。1939年冬天，他们又继续挖掘，忙活了10个月，竟真的挖出一个大石牛和一个大石鼓。流传的歌谣得到了印证！杨白鹿等

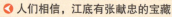

人们相信，江底有张献忠的宝藏

人赶紧买来金属探测仪。不久后的某一天，金属探测仪发出了响声。锦江淘金公司当即召开紧急会议，购买了大批箩筐扁担，又订购了一架起重机，准备金银一出土，就集中人力搬运，直接缴存银行。结果，工人们费尽心力，却只挖出三大箩筐铜钱。虽然这次轰轰烈烈的寻宝事件终以闹剧收场，但此后几十年里，仍不断有老百姓从江中打捞出金银宝贝的消息传出。而这次老虎滩神秘银锭的出现，立即引起了各方的关注。有学者指出，老虎滩发掘出的银锭与史料多有暗合之处。这些银锭乌黑中泛着亮光，其边缘虽有残损，但清晰地刻有"崇祯十年八月"（1637年）的字样，介于张献忠在米脂起义（1630年）与在四川凤凰山中箭身亡的时间（1646年）之间。另外，此次挖掘出土的银锭，无论从银锭本身还是其外包装，都与史料记载相吻合。既然张献忠沉银已被证实，那么如何打捞沉银、打捞需要多少资金也就成为社会各界关注的热点。300多年来，张献忠"江口沉银"的秘密一次次被爆料，真相却一次次与我们擦肩而过，或许这一次，它真的能大白于天下，人们期待着……

▲ 除了银元宝，人们还在江口发现了矛和刀等武器

▼ 人们期盼能从朽木中再次找到张献忠的宝藏

莽山宝藏中的"鬼影"

◎ 李自成

天塘村流传着什么秘诀?
"九驴十八担"是否藏在莽山?

在湖南南部边陲的莽山脚下,有一个小村子——天塘村,这是一个保持着百年历史风貌的古老村落。而就在这座神秘的村庄里,几百年来,一直流传着一句充满玄机的秘诀:"石岩冲,三座桥,慢行百步走,三窑金。"据说,只要能破解这句秘诀当中所藏玄机,就能找到传说中的一笔巨额财富,这笔财富的主人正是明末农民起义军领袖李自成。相传,李自成兵败退出北京后,命人将"九驴十八担"的金银珠宝埋藏到了一个秘密山区。

◎ 陕西米脂李自成纪念馆

探索发现
与 🎥
DISCOVERY
& EXPLORATION

李自成另外的宝藏

在湖南省张家界市的天门山一带,也流传着李闯王宝藏的故事。据说,李自成退出京城时,将国库抢掠一空,由大将李过秘密运送到了天门山。后来,李过在临死前将这些财宝掩埋在天门山上的几个秘密地点。

大顺政权印信

从古至今，这句神秘的口诀引诱着无数人前来寻宝。20世纪70年代末期，在一个月黑风高的晚上，为了得到这笔诱人的宝藏，村子里有5名男子秘密结下盟约，他们在祖先的灵位前发下重誓，无论谁先发现了宝藏，都要有福同享、有难同当。随后的日子里，他们将可能藏宝的地方都挖遍了，但没有任何发现。没过多久，寻宝的5个村民居然一病不起，不久便有人离开了人世。村子里的人都传言，他们是遭到了守护宝藏的亡灵的死亡诅咒。

寻宝的村民死后，恐怖并没有因此而结束。在那段时间里，一到晚上，莽山上就有一团火飘来飘去，像鬼火一样，还有一个披头散发的鬼影晃来晃去，吓得村里的人一到晚上就关门闭户，大家都不敢出来。披着长发的诡异身影，令人毛骨悚然的无名鬼火，这一切似乎预示着将有什么事情要发生。村民们惶恐不安，但一些细心的村民发现，村庄后面的大山里，有几个土堆被挖动了，旁边还散落着一些陶器和瓷器的碎片。随后，大家终于弄清了事实的真相。原来，这些鬼影竟是盗墓贼在装神弄鬼，掩人耳目。奇怪的是，很多有价值的文物居然被盗墓贼随便丢弃掉了，这些迹象很不符合常理，这伙盗墓贼究竟是在寻找什么东西呢？

李自成墓碑

这件事情很快引起了天塘村一位名叫谭相吉的老人的注意，他仔细察看了那些被盗墓贼丢弃的文物后，做出了大胆的推测：这伙盗墓贼一定是在寻找传说中李自成留下的"九驴十八担"财宝。

莽山周边地区的许多地名，如奉天坪、永昌村、米脂坳、马鞍山等，都似乎与李自成的封号以及他的家乡息息相关。另外，《宜章县志》中还有与李自成相关的只言片语："顺治六年正月，闯贼余党一支，败遁过郴，杀戮甚惨。"既然李自成的部队确实到过莽山，那么有关李自成宝藏的传说又是否成立呢？如果成立的话，那批传说中的巨额财宝又到底埋在哪个地方呢？

根据李自成进驻莽山的清晰线路，村民们在莽山林区内找到了一个名叫"皇藏岩"的山洞。这个山洞的洞口非常隐蔽，洞内怪石嶙峋，青烟缭绕，寒气逼人，在洞口的一个平台处，留有一层防潮的三合土沙层，显然这里应该有人活动过。根据这个充满皇家风范的洞名，传说中李自成的宝藏应该就藏在这个山洞里，但经过仔细发掘后，除了一些铜钱外，并没有其他值钱的宝藏。

难道说，有关李自成携带"九驴十八担"金银珠宝的传说只是一个

世界上有许许多多的洞穴，不知是否都藏着宝藏

以讹传讹的结果吗？又或者说这批数目巨大的宝藏仍旧藏在某一个不为人知的隐蔽之地？就在寻宝陷入绝境的时候，突然又有了一个新的发现，在与莽山相距近40千米外的白沙圩乡，村民们找到了一块刻有李闯王之墓的石碑，这就更加证明了李自成的最终归宿是在莽山。李闯王墓碑的发现，虽然对于宝藏的发掘并没有直接的帮助，但人们认为，这或许为寻找那批传说中的宝藏指明了一个新的方向，藏宝的地点并没有在李自成军队曾经活动的莽山核心区，而是在其相反的方向。经过逆方向寻找，人们又有了惊喜的发现。在路边的山坡边上，有一堵人为垒砌的石墙，而且不是一项简单的工程。难道宝藏就埋在这石墙里面？如果不是宝藏的埋藏地点，那么，在这深山老林、人迹罕至的地方又为什么要兴建一个如此浩大的工程呢？

经考证，在距离石墙不到1千米的地方，原本有一个巨大的山洞，名叫溶家洞。溶家洞处于莽山背面，岩洞非常大，有一个水洞，有一个旱洞，据说可以藏纳1万多人。当地村民一直盛传，被清军连续追杀而穷途末路的李自成就曾躲进此洞中。但由于山体遭受雷击，溶家洞的洞口被掩埋。为了探寻李自成那笔巨额宝藏，先后有很多人投入到溶家洞的发掘当中，但至今没有人找到传说中的宝藏。

一代英雄李自成究竟魂归何处？传说中的李自成宝藏又藏于何处？在历史遗留的蛛丝马迹中，人们不断地探寻着，试图揭开那些动人传说的神秘面纱……

▶ 诡异的火焰曾被人们认为是鬼火

天国圣库宝藏何处寻

天国圣库是否真的有宝藏？
曾国藩兄弟将天国圣库的宝藏私吞了吗？

清朝后期，出现了一个由农民起义建立的政权——太平天国。太平天国后来定都于天京，即现在的南京，领导人为天王洪秀全，一时间风头极盛。后来，由于统治者内部的腐朽，再加上清政府和外国侵略者的联合绞杀，太平天国日渐衰败。1864年，天京被湘军攻破，南京城内一片血海。

▲ 曾国藩

消息传到北京后，同治皇帝大喜过望。因为历年来，人们都传太平天国"金银如海，百货充盈"，而当时的清政府国库空虚，财政吃紧，就指望着能用太平天国的财富来救急。然而，湘军统帅曾国藩随后的奏报让同治皇帝大失所望。曾国藩在奏报里声称，攻下天京后，湘军搜寻3日，根本就没有找到所谓的天国圣库藏金，只找到了二方"伪玉玺"和一方"金印"。很快，朝廷下了批复，告诉曾国藩：既然已经查清城里没有什么财物，那就不必上缴了。

◀ 太平天国天王玉玺

到这里，事情似乎就该画上句号。不过按照这个逻辑，太平天国的富足仅仅是传闻而已。难道，一切就这么简单？

太平天国时期，奉行"圣库"制度，要求民众不得私藏财物，应上缴"天朝圣库"，进行统一分配。太平天国曾在南京苦心经营长达10多年，作为供给全城居民和军队的"圣库"，其财物之多，可想而知。

洪秀全在定都天京后，动用了上万军民，在原来两江总督衙署的基础上改建、扩建了豪华的天王府，建成后的天王府"城周围十余里，城高数丈，内外两重，外曰太阳城，内曰金龙城""雕琢精巧，金碧辉煌""五彩缤纷，侈丽无比"。据说，洪秀全所用的碗筷，甚至马桶、夜壶等都用黄金制成，以致圣库黄金一度告急。当时，南京城里盛传，宫中金银财宝"如山如海"。

可见，太平天国确实积累了一笔巨额财富。那么，这些财宝到底在哪里？这个曾经占据了清王朝半壁江山的政权积累起来的巨大财富真的在一夜之间凭空消失了吗？

很多学者和民间传

▼ 洪秀全坐像

探索发现
DISCOVERY & EXPLORATION

石达开的宝藏

石达开是太平天国的名将，被封为"翼王"，后来在大渡河兵败而亡。相传，石达开兵败前，曾把军中大量的金银财宝埋藏在一个非常隐秘的地方，还留下一张写有"面水靠山，宝藏其间"的藏宝图。不过，后人一直没有找到他的宝藏。

说都认为，天国圣库藏金被曾国藩和曾国荃兄弟偷偷私藏了。相传，在湘军攻破南京城后，最早进城的就是曾国荃，而曾氏兄弟为了把藏金纳入私囊，最终毁灭证据，一把火烧了天王府。清朝有笔记记载，洪秀全的宝物中有一个翡翠西瓜，上有一裂缝，黑斑如子，红质如瓤，朗润鲜明，都是浑然天成，这件宝贝后来居然出现在曾国荃手中。

另有记载，曾国藩的夫人从南京回湖南时，护送她的船只竟有200多只。如此多船只运送，不能不让人怀疑是曾氏弟兄偷偷往老家运送劫掠来的财宝。

当年，湘军劫掠天王府时搜查得很仔细，甚至连秘密埋在天王府内的洪秀全遗体都被挖了出来，焚尸扬灰。一大批藏金怎会发现不了呢？

其实，天王府并没有被全部毁掉，有不少还未烧尽，当年的核心建筑"金龙殿"依然存在。百年来，从来没有人对其地下进行过勘察。"金龙殿"下面到底有些什么？天国圣库宝藏是否仍旧藏在天王府内的某处？至今还是个谜。

🔻 轰轰烈烈的太平天国运动

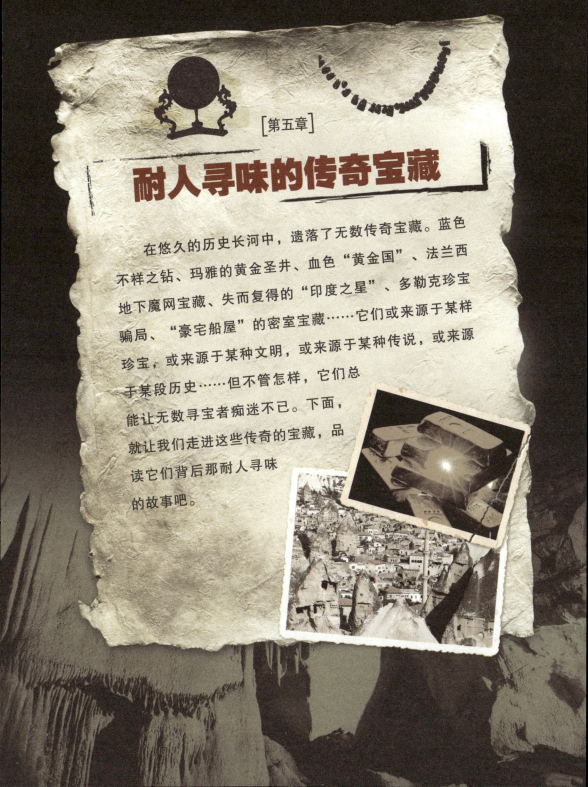

第五章

耐人寻味的传奇宝藏

在悠久的历史长河中，遗落了无数传奇宝藏。蓝色不祥之钻、玛雅的黄金圣井、血色"黄金国"、法兰西地下魔网宝藏、失而复得的"印度之星"、多勒克珍宝骗局、"豪宅船屋"的密室宝藏……它们或来源于某样珍宝，或来源于某种文明，或来源于某种传说，或来源于某段历史……但不管怎样，它们总能让无数寻宝者痴迷不已。下面，就让我们走进这些传奇的宝藏，品读它们背后那耐人寻味的故事吧。

蓝色不祥之钻

神秘的蓝钻石来源于哪儿？
神秘的蓝钻石给哪些人带来了厄运？

在美国华盛顿史密斯研究院的珠宝大厅里，有一只防弹玻璃柜，里面陈列着一颗由62块小钻石装饰着的稀世之宝——"希望"蓝钻石。虽然拥有一个美丽的名字和炫目的蓝色光芒，但300多年来，它仿佛一个被巫师立下了邪恶诅咒的水晶球，给所有占有它的人带来厄运，因此有了"神秘的不祥之物"之称。

在传说中，这颗蓝钻石最初是镶嵌在印度一座神像的眼睛上，后来被一个名叫塔沃尼的法国珠宝商人偷了出来。发现钻石被偷之后，愤怒的寺庙祭司就立下了一个可怕的诅咒：凡是拥有这颗钻石的人都会遭遇灾祸。但事实上，塔沃尼是用翡翠从印度当地王公贵族那里交换了一批钻石，其中就包括这颗蓝钻石。

这颗蓝钻石跟随塔沃尼回到法国后不久，便落入了法王路易十四之手。路易十四将这颗蓝色的金刚石琢磨成了重69.03克拉的钻石，将它镶到了王冠上，取名为"王冠蓝钻石"。从此

法国大革命期间，国内一片混乱，蓝钻石也失去踪影

之后，厄运便开始了。路易十四最宠爱的孙子突然死去，随后他的光辉战绩也开始衰退，而新婚妻子狂热的宗教信仰给他的生活带了更多的不幸。与此同时，塔沃尼在俄国被野狗咬死了。

继位的法王路易十五，成了钻石的新主人。他发誓不再佩戴这颗深蓝色的大钻石，可是，他把它借给自己的情妇佩戴。结果，路易十五的情妇在法国大革命中被砍了头。

1774年，路易十六即位，拥有了这颗蓝钻石。但不久之后，他就在法国大革命的风暴中被送上了断头台。法国大革命期间，国库遭到洗劫，这颗蓝钻石失去踪影。这期间发生的故事人们不得而知。在这期间，西班牙画家戈耶曾画过的一张西班牙皇后玛丽亚·露易莎的画像上，皇后戴着的那颗蓝宝石很像失踪的蓝钻石。有人推测，或许是法国保皇党人在国外得到它后送到西班牙人手中，又或者是西班牙人从盗贼手中买下的。

1830年，失踪多年的蓝钻石重新出现在荷兰，它的主人是一个名叫威尔赫姆·佛尔斯的钻石切割师。为了让人认不出这颗蓝钻石，他对其进行了重新切割，重量减到了44.4克拉。

▶ 路易十四及其家人

探索发现
DISCOVERY & EXPLORATION

钻石的形成

钻石，其实是在地球深部高压、高温条件下形成的一种由碳元素组成的单质晶体。人类发现和认识钻石只有几百年的时间，而真正揭开钻石内部奥秘的时间则更短。

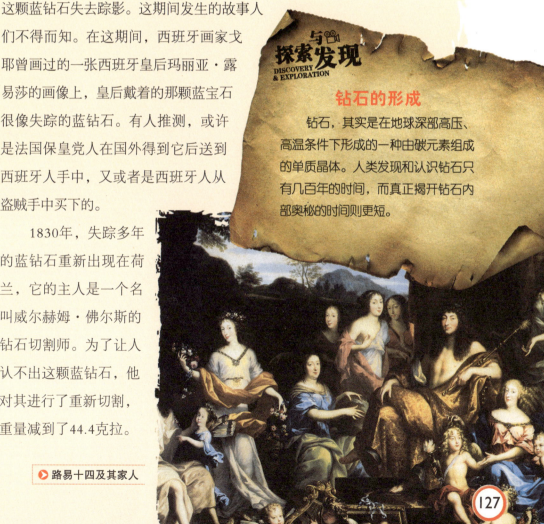

后来，佛尔斯的儿子把这颗蓝钻石偷拿到英国伦敦。在那里，他竟不明原因地自杀了。

几年后，这颗无人敢接手的不祥之钻被英国珠宝收藏家亨利·菲利浦·侯普收入囊中，并被取名为"希望"。1939年，侯普突然暴毙而亡。

进入20世纪，"希望"钻石被一个叫杰奎斯·赛罗的商人买去，不久之后他便莫名其妙地自杀了。这颗钻石又被俄国人勘尼托夫斯基买去，随后他便遇刺而死。后来，"希望"钻石几经辗转，被卖给了美国华盛顿的出版商奈德和麦克林夫妇。自从买了这颗钻石后，夫妇二人也遭遇不幸。1918年，他们的儿子跑到街上被车轧死了。在丧子之痛的打击下，奈德便开始酗酒，最后失去了健全头脑，还丢失了报业集团。后来，他们的一

◀ 碳元素模型

🔻 不知道有多少人因蓝钻石而身亡

▲ 漂亮的蓝钻石

个女儿死于误服过量安眠药。1967年，他们的正值妙龄的孙女因酒精药物中毒死于家中。

麦克林夫人死后，珠宝商温斯顿用110万美元买下了"希望"钻石。此后10年中，温斯顿带着这颗钻石在世界各地巡回展出，为慈善事业募捐经费，先后共有数百人参观过这颗钻石，共募捐到100多万美元，而慈善之旅使得这个厄运蓝钻开始变得温润祥和。1957年，温斯顿和美国华盛顿的史密斯研究院协商，要把"希望"钻石送给该院作为一系列宝石的中心展品，与英国伦敦塔上的那些加冕礼用的珠宝比美。史密斯研究院同意接收。1958年11月8日，这颗蓝钻石被放进了一只山羊皮盒子，用褐色纸包好寄往华盛顿。宝石商们一向认为，这是运送宝石的最可靠方法。很快，在武装人员的监护下，"希望"钻石被送到了华盛顿史密斯研究院里，并保险100万美元。温斯顿是"希望"钻石的最后一位主人，也是300多年来最幸运的一位主人。

如今，在华盛顿史密斯研究院的珠宝大厅里，"希望"蓝钻石陈列在一个防弹玻璃柜里，与各国帝王加冕礼上用过的珠宝相媲美。前往史密斯研究院参观的游人络绎不绝，人们在赞叹这颗稀世之宝历尽沧桑的同时，仿佛能够感觉到那一颗深邃蓝眸在默默地诉说着它那段神秘不祥的历史。

▶ 似乎有只看不见的手操控着蓝钻石

129

玛雅黄金圣井惊魂

> 玛雅文明沉睡在何处？
> 玛雅圣井中为何会有宝藏？

1987年的一天，南美洲的雨林中安静祥和，可是这片宁静被法国探险家丹尼尔打破了。

丹尼尔不远千里只身来到南美洲，目的只有一个——找到玛雅圣井。

玛雅人曾经创造了灿烂先进的文明，但随着16世纪欧洲殖民者征服的烽烟消失在了历史深处。在漫长岁月里，枯草藤蔓侵入威严的城池、豪华的庙宇、巍峨的金字塔、宽敞的广场和运动场，一座座古老的城市消失在浓密的热带丛林中。直到18世纪末，玛雅文明沉睡的

与 探索发现
DISCOVERY & EXPLORATION

玛雅金字塔

玛雅人建造的金字塔群分布在墨西哥的坎昆及尤卡坦半岛上，其顶部是平的，塔体呈方形，底大顶小，层层叠叠，塔顶的台上还建有庙宇。这些金字塔构造非常精巧，蕴含着丰富的数学和天文知识，令后人大为赞叹。

▼ 玛雅金字塔

密林深处回荡起陌生人的脚步声，旅行者到这里寻找传说中的神奇和美丽，探险家到这里寻觅藏匿千年的珍宝。

▲ 玛雅人的项链

据说，在玛雅一座金字塔神殿中，有一口圣井。极为崇拜雨神的玛雅人每年春季都在这口圣井旁举行盛大而隆重的祭祀仪式。在仪式上，国王会挑选出一名美丽的少女，让她穿戴一新，盛装打扮，然后将少女投入圣井，作为献给雨神的新娘。随后，人们还会将各种黄金制品、珠宝投入圣井，作为祭品，向雨神乞求风调雨顺。随着玛雅人的消失，这口聚集着巨大财富的圣井也被丛林隐没了。在听说了这个传闻之后，丹尼尔的心就被迷住了，他发誓一定要找到这口圣井，当然还有那井中埋藏着的数不胜数的黄金、珠宝、玉石等祭品。

在雨林中跋涉了10多天后，丹尼尔发现了一座古老的岩石山，山的左侧似乎有一条通道的痕迹。

经过一番探查，丹尼尔来到了一块石碑前，石碑几乎快被野草完全遮盖了。拨开野草，只见石碑上一位少女正伸出双手接雨水。丹尼尔欣喜若狂，这确实是玛雅遗迹，而这幅图画则预示着自己离梦想之地——玛雅圣井不远了。

不久之后，丹尼尔就在石

▶ 旧时玛雅的小社区

碑附近找到了一座玛雅金字塔。那传说中的圣井究竟在哪里呢？丹尼尔在金字塔内找寻了许久，也没有任何发现。由于不愿就此放弃，丹尼尔住了下来。

△ 玛雅人的祭具

幸运之神往往眷顾有毅力和耐心的人。一天，丹尼尔在打扫金字塔时，无意中发现地板中间的一块大石头被敲击时发出了异样的空洞声。于是，他撬开石板，下面居然隐藏着一个地下室，空荡荡的地下室中间放置着一个大石墩。丹尼尔兴奋地跳入地下室，使出全身力气才将石墩挪开。果然，下面露出了一个幽深的洞口。丹尼尔高兴极了，探头下去，想看个仔细。突然，一道黑影迎面袭来。丹尼尔急忙躲闪，定睛一瞧，居然是一条大蟒蛇，足有4米长。昏暗的地下室内，巨蟒的眼睛闪烁着怪异的红光，空气中开始弥漫一股腥臭的味道，丹尼尔被吓坏了，而这时蟒蛇张着大嘴又扑了过来。他急忙抓起猎枪，一边躲闪，一边疯狂地开枪，终于将巨蟒打死。

丹尼尔喘着粗气，瘫坐在地板上，过了许久才缓过神来。他爬起

▽ 玛雅人的器皿

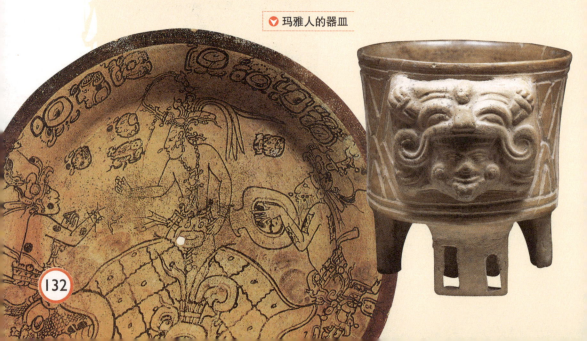

来，小心地向那个洞口望去，只见里面有两具人体骸骨，可能也是寻宝者，只是很不幸地命丧巨蟒之口。他壮着胆子，把骸骨挪开，撬开了骸骨下的大石板，只见下面又是一层大石板。连撬了5层大石板之后，他终于发现了一扇石门。他用尽全力将石门挪开，石门背后露出一个黑黑的洞口。

丹尼尔咬了咬牙，把心一横，拿出随身携带的绳索，往洞口深处攀缘下去。突然，他不慎一松手，掉了下去。幸运的是，落地后他没有摔伤。待重新坐稳后，他点燃火把四下一瞧，不禁目瞪口呆！只见这个深达15米的洞中堆满了闪闪发光的黄金、精美的玉器、镶满宝石的饰品，而自己就躺在这个珠宝堆里！

丹尼尔将自己的探险经历写成日记，消息很快传了出去。不久后，一个犯罪组织找到了丹尼尔，开出高价试图买下圣井的秘密。丹尼尔拒绝了，随后遭到杀害。

20世纪90年代末，一批考古学家根据丹尼尔日记中留下的种种线索，终于找到了这口举世闻名的玛雅圣井——一片由天然石灰岩形成的深潭。千百年过去了，潭边草木重重，潭内黑气弥漫。

冒着生命危险，专家们出没于这个黑气弥漫的瘴潭，安装了一台疏浚机，进行正式打捞。最初几天，从井中挖出来的都是污泥，接着挖出了许多女性的骨骸，这印证了玛雅圣井用美丽少女求雨的传说。随后，人们又挖出了无数金银、珠宝、器皿和首饰。

至此，玛雅圣井的秘密终于公之于世，新发现的宝藏也为人们重新认识玛雅文明、研究玛雅文化提供了极好的机会和素材。

▶ 玛雅人的黄金胸饰

血色"黄金国"

> "黄金国"有什么传说?
> 皮萨罗是怎样得到黄金的?

🔺 印加的贵族服饰

传说,古时候在南美大陆亚马孙森林深处,有一个"黄金国"。当"黄金国"有了新的头领后,新头领必须来到瓜塔维塔湖边,和许多穿着盛装的人一起登上装满了黄金的船只,并在身上涂满金粉。在湖中心,新头领会将全身的金粉洗去,而船上的黄金也被扔进湖里。仪式结束后,新头领才算正式登基。这个"黄金国"的传说在欧洲大陆盛行了几个世纪,令无数探险家如痴如狂。

1531年1月,西班牙冒险家弗朗西斯科·皮萨罗率领着一支由180人组成的部队,走进安第斯山脉中,搜寻着传说中的黄金国度。这些西班牙人虽然数量不多,但十分凶悍,并配备了当时最先进的火枪和大炮。后来,他们到达了美洲的秘鲁。

在当时,统治印加帝国的皇帝阿塔雅尔帕对这些穿着奇装异服的外来侵略者毫无了解,所以也没有采取任何防御措施。这时,皮萨罗发动突然袭击,俘获了阿塔雅尔帕。贪生怕死的阿塔雅尔帕对皮萨罗求情说,如果释放自己,他愿用黄金堆满囚禁自己的房间,直至他举

探索发现
DISCOVERY & EXPLORATION

神秘的黄金国

皮萨罗带兵进入库斯科后才知道,印加帝国的黄金是从亚马孙密林深处一个印第安酋长所统治的玛诺阿国运来的。据说,那里的金银财宝堆积如山。消息传开后,探险队纷纷前去寻宝,可他们或是失望而归,或是下落不明,始终不见黄金国的影子。

手所及的高度。皮萨罗同意了。阿塔雅尔帕的大臣们很快就送来了50吨黄金，西班牙殖民者被眼前这一大批亮闪闪的黄金惊呆了。原来，这里就是"黄金国"！由于害怕阿塔雅尔帕重获自由后会进行报复，皮萨罗残忍地绞死了他。随后，皮萨罗带兵进入印加帝国首都库斯科，把那里的黄金和财宝洗劫一空。为方便运输，他们将许多珍贵的艺术品熔化成金块，一共获得了近5吨黄金。其中，印加皇帝重达90千克的金御座，相当于秘鲁金矿一年的产量。

巨额的黄金，贪婪的欲望，埋下了致命的祸患。不久之后，皮萨罗一伙人因分赃不均而发生了激烈的内讧，包括皮萨罗在内的所有首领都在内讧中被杀死或被囚禁。

原本宁静的南美雨林，因黄金而蒙上一片血色，但这并没有阻止住罪恶的脚步，更多的西班牙冒险家们漂洋过海，不惜冒着生命危险，如痴如狂地奔赴南美丛林，想要从这里掠夺更多的黄金……

🔸 印加人镶有金片的上衣

🔻 库斯科城遗址

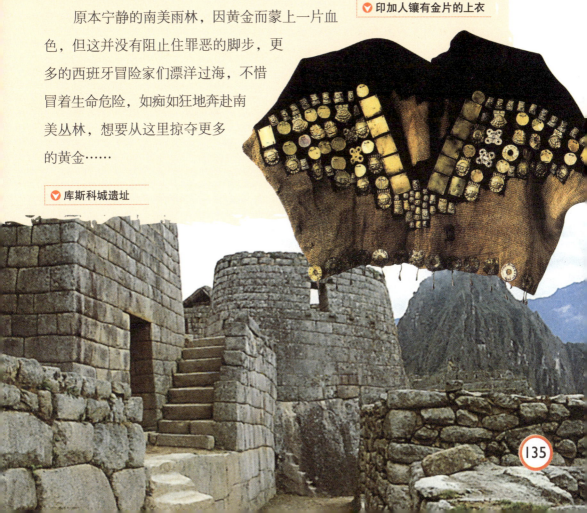

法兰西地下魔网宝藏

夏朗德是否藏有宝物？
法兰西的地下网道有什么玄机？

夏朗德位于法国西南部，虽然人口不多，却是一座历史名城，这里交织着神秘传说、血腥屠杀以及诱人的寻宝故事。

⛰ 美丽的夏朗德拥有神秘的藏宝故事

据历史记载，1569年，法国科利海军司令曾下令纵火烧毁夏朗德的修道院并屠杀了所有的修道士。在这次大屠杀之前，修道士们提前预见到被杀的可能性，早已十分谨慎地把修道院内的圣物和财宝隐藏了起来。在几个世纪中，修道院已经积累了一大笔财富。然而，由于没有一个修道士能逃脱灭顶之灾，这批圣物和财宝的下落成了千古之谜。

几百年来，夏朗德的居民会不时地奇迹般地发现闪闪发光的金银财宝和各种罕见的圣物。而且，每隔7年，在春暖花开的季节总有不少宣称"修道院的珍宝将出现在圣体显供台下"的布告张贴在夏朗德的大建筑物正门和古老市场的柱石上，这令当地人怦然心动却又不知所措。这也使无数寻宝人更加坚信，在这个地方，一定有着一

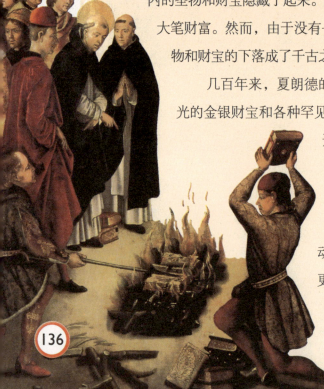

◀ 16世纪时的教徒

▲ 修道院的圣餐杯、圣饼盒和吸管

笔巨额宝藏。

但是，它们究竟隐藏在何处呢？

不知是出于什么动机，夏朗德人的祖先们把这座小城的地下挖成了纵横交错的网道。这些地下网道大部分都跟地面建筑物相通，而地下网道之间又彼此相连。

据说，在16世纪，有个年轻的牧羊人为了逃脱当时执政者的迫害，躲进夏朗德附近的一个山洞中。在山洞里，他偶然发现了一个地下通道网。他沿着其中一条地道一直走了两天，随后发现有一个出口，就在离夏朗德4千米处一个极为隐蔽的地方。而且，牧羊人声称那个通道特别宽敞，即使是一个骑士骑着自己的坐骑也可以随意走动。如果这个故事是真的，那么修道院的财宝很可能就藏在那里。

▼ 人们很想解开法兰西地下通道之谜

探索发现
DISCOVERY & EXPLORATION

科利海军司令纵火的背景

16世纪的法国，宗教纷争较为严重。当时，新教徒和天主教徒处于完全对立的情况，不管哪一方，遇到另一方都有可能斗个你死我活。科利海军司令下令火烧修道院，也是由于他们信仰不同的缘故。

又传说，有一群孩子在玩捉迷藏时，在一幢老房子下面发现了一条地道。好奇的孩子们偷偷溜进地道中，没走多久就发现有一个带三个跨度的拱顶大厅，里面还有一个石头祭台。有人猜测，它很可能是一座地下教堂。那么，为什么要把教堂修到地下呢？

有人认为，这是出于一种宗教虔诚，是想表明不但在地上，而且在地下人们也要供奉上帝；还有的人认为，小教堂也许是一种标志，很可能是指明财宝藏于何处的标志。遗憾的是，这个地下小教堂已经有三分之一的地方被塌下来的土所填满。

许多好奇的游客慕名来此，想进入老房子的地道看看到底有什么机关。但遗憾的是，这块地方的主人拒绝任何人进入，这就使得探宝工作无法进行。

于是，围绕夏朗德这座古城的，不仅仅是迷宫一般的地下网道，还有埋藏着中古时代流传下来的一笔难以估价的珍宝。几百年来，它令一代代寻宝者遐想联翩，如痴如狂，追寻不已。

响尾蛇守护的**深山金矿**

"迷失荷兰人金矿"在哪儿？
寻找金矿的路上有什么危险？

印第安人的头饰

在美国亚利桑那州，有一个被称为"迷信山"的山区。那里的山路是北美洲山路中最崎岖的，环境也是最恶劣的。山区到处荒草丛生，怪石嶙峋，猛兽出没，而且还遍布着一种最凶狠的毒蛇——响尾蛇。

然而，一种巨大的诱惑力还是吸引着成千上万的人来到这里，即使是以生命为代价，他们也在所不惜。因为在山中某一个不知名的地方，有一座"迷失荷兰人金矿"。据说，到了那里，只要用锤子砸砸墙壁，就会有黄金纷纷掉落下来。

1840年末，一位名叫伯兰塔的探险者深入山区，历尽艰险，终于发现了一处矿藏丰富的金矿。于是，他在这里开起了金矿，金灿灿的黄金令伯兰塔喜不自禁，但危险也悄然而至。当地印第安人认为黄金属于神灵所有，伯兰塔的行为亵渎了神

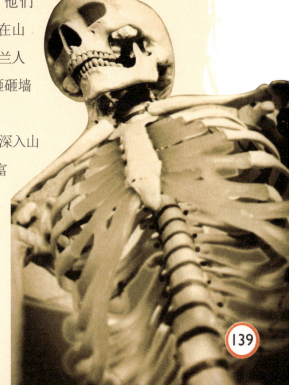

"迷信山"中不知有多少白骨

灵，于是他们拿起武器，准备杀死伯兰塔等人。

得到消息后，伯兰塔赶紧命令工人们停止开采，将金矿入口封住，并将已经加工好的黄金转运出去。可当他们穿越峡谷时，还是遭到了印第安人的袭击，一时间，山谷里鲜血流淌，尸横遍野。据说，印第安人取得胜利后，并没有将黄金据为己有，因为对他们来说，黄金并不是属于凡人的东西，所以他们将黄金就近掩埋了。

▲ 宝藏与鲜血似乎很难分开

从此以后，无数探宝人为找到这处金矿铤而走险，深入迷信山。然而他们中的很多人都不幸葬身荒野，有的是在途中因遭到印第安人的伏击而身亡，更多的人则是命丧响尾蛇之口。这条通往黄金的

▼ 在美洲大地上，不知还有多少宝藏等着人们去发倔

探索发现
DISCOVERY & EXPLORATION

阿帕奇人

在很久以前，"迷信山"是一片辽阔的沙漠，有3个印第安人的部族在这里狩猎。后来，强悍的阿帕奇人（这个地区最早的印第安居民）占领了这个地方，并在此发现金矿。他们派专人巡逻，保护着这片金矿。

道路愈发障碍重重，充满恐怖的气氛。

后来，一个名叫华兹的德国探险家幸运地找到了这处金矿。据说，他的行踪极为神秘，他常常在迷信山上待上两三天，然后悄悄回家，而每次回家时，他身上总会携带着几袋高品质的金矿石。知道这个金矿地点的还有他的两个同伴，但是这两人全部被人神秘地杀害了。凶手是谁？答案无人知晓。

凶猛的响尾蛇

1891年，华兹死于肺炎。在临终前，他画了一张地图，标明了这处金矿的位置。

1931年，一位名叫鲁斯的男子通过种种途径弄到了一张不知真伪的地图。鲁斯拿着地图进入了迷信山山区，然而他这一去就再也没有回来。6个月后，有人在山区发现了他的头颅，他头中两枪，表情十分惊恐。可以想象他一定是被某种极为可怕的景象吓呆了，那么杀手又是何人呢？

1959年，又有3名探险者在这处山区遇害。究竟是谁杀了他们呢？没有人给出答案。

虽然寻金之路是如此恐怖，但所有的一切都阻止不了倔强的寻宝人。探险者的身影、恐怖的枪声、残忍血腥的画面、凶狠的响尾蛇共同讲述着一个又一个离奇又惊悚的故事，笼罩在山间的迷雾更是为这些故事平添了一种神秘莫测的氛围。

尽管危险重重，人们依旧不会停止寻金的脚步

141

午夜盗宝案

> "印度之星"是什么?
> "印度之星"是如何找回来的?

1964年10月26日夜里,几个黑影突然出现在美国纽约曼哈顿区的美国自然历史博物馆旁,从一扇侧门悄悄潜入馆内。他们躲过昏昏欲睡的警卫人员,直奔五楼。这里是"J.P.摩根宝石和矿石"陈列厅,里面陈列着世界上最为壮观的宝石收藏。在这些稀世宝石的中央,陈列着最令人惊叹的宝石——"印度之星"。这是世界上最大的星光蓝宝石,重563.35克拉,直径6.35厘米,其星光完美无缺,不失为稀世珍宝。

一只罪恶的黑手伸向了"印度之星",警报居然没有响!在接下来的几个小时内,3名盗贼进行了他们一生中最大

探索发现
DISCOVERY & EXPLORATION

星光蓝宝石
如果蓝宝石的内部长有金红石这种大量细微的矿物,人们发现,将宝石打磨成凸面的顶部会有六道星芒。于是,人们就把这种蓝宝石称作星光蓝宝石。

▼ 博物馆前街

的一次盗劫。得手之后，盗贼迅速撤离，消失在博物馆外的茫茫黑夜中。

第二天上午，工作人员发现，有24颗宝石不翼而飞，其中包括3颗举世无双的宝石："德隆"红宝石、"午夜之星"蓝宝石和"印度之星"。

▲ 普通的蓝宝石

很快，警察赶到了，在陈列厅内仔细搜寻着证物，由于这里每天都会有成千上万的参观者，警察找到的任何指纹都没有任何作用。这起重大的盗窃案令人十分震惊，而盗贼能够如此轻松得手，同样让人不可思议。经过一番勘查，警方发现这个陈列厅内的安全系统已经有好几年没有维修了。盗贼和宝物之间只隔着一层薄薄的玻璃，而盗贼们需要做的就是打破玻璃取走宝石，然后消失。

第二天，警方收到了一个游客的重要证词。前天晚上，他曾参加了一个聚会，听到有人在谈论一个重大的盗窃案，并在卧室里看到了一张美国自然历史博物馆的设计图纸。这个举行聚会的房间登记在了阿兰·库恩、杰克·墨菲和罗杰·克拉克的名下，警方随即对这个房间和这三个人展开了调查。恰巧，罗杰·克拉克在晚上回到了这个房间，被守株待兔的警察逮了个正着。在审讯中，克拉克终于将整个案情和盘托出。随后，美国联邦调查局和纽约警方联合作战，在案发两天后将库恩和墨菲顺利逮捕归案，并追回了失窃宝石中的9颗宝石。

"印度之星"被放回了博物馆展厅，这一次，安全防护措施异常严密。一年之后，警方找回了"德隆"红宝石以及另外5颗宝石，但仍有9颗宝石至今下落不明。

▶ 只要有宝物，就要小心罪恶之手

多勒克珍宝骗局

> 梅拉特教授在哪里遇到的神秘少女？
> 神秘少女的藏品是从哪里来的？

20世纪初期，一战的烽烟刚刚消散。这天，一列火车从土耳其的伊斯坦布尔缓缓驶出，英国考古学家詹姆斯·梅拉特教授刚刚结束一场考古活动，准备乘车返回英国。就在无意中，梅拉特教授的眼睛被一道金光闪了一下。他抬头一看，一位美丽的黑发少女端坐在斜对面，太阳光折射在少女佩戴的手镯上。那是一件古董，上面雕刻的奇怪花纹立刻引起了教授的好奇心。教授向少女作了自我介绍后，详细询问起这件古董的来

探索发现
DISCOVERY & EXPLORATION

梅拉特教授描摹的收藏品

据说，梅拉特教授所描摹的少女的收藏品，大约是4500年前青铜器时期的遗物，其精致程度可与图坦卡蒙墓里出土的宝藏相媲美。可惜，这些珍品我们无缘一见。

> 谁也想不到，多勒克珍宝竟然是火车上的奇遇

历。少女告诉教授，这只手镯只是家中珍藏的许多古董中的一件，是在第一次世界大战期间，从土耳其一个名叫多勒克的地方秘密挖掘出来的。作为考古学家，梅拉特教授知道，这批古董具有极高的文物价值，因为它们可

⊙ 土耳其境内是否真的有多勒克这个地方呢

以证明荷马史诗中描述的特洛伊古城附近，曾经有一座繁华的城市，其规模和繁华程度不亚于特洛伊。教授恳求少女，能否让他看一看其他藏品。少女爽快地答应了。列车在土耳其爱琴海的伊斯未亚停下，教授跟着少女来到她的家中，当少女把古董一件件地拿出来后，梅拉特教授进一步证实了自己的猜测。在几经恳求之后，少女终于同意梅拉特教授当场绘制这些古董的草图。梅拉特教授临摹下了每一件古董，并记下了各项细节。最后，梅拉特教授终于完成临摹工作，高高兴兴地离开了少女的家。

《伦敦新闻画报》报道了梅拉特教授的这一发现后，土耳其当局对教授进行了多次追问，此时，梅拉特教授才意识到，自己对少女的情况一无所知，虽然他协助官方多次查找，少女和那些珍宝却神秘地失踪了。

那个神秘的少女是谁？她与教授的偶遇是纯属巧合，还是有人幕后导演？有一种推测认为，这是某个文物走私集团故意设下圈套引诱梅拉特教授上当，因为这批多勒克珍宝一旦被专家断定是真正的古董，那么在黑市上就会获利颇丰。事实真的如此吗？无人知晓。

▶ 人们始终查不到多勒克珍宝的消息

黄金一代追"星"族

黑格的陨星收藏价值多少？
黑格带走阿根廷的陨星了吗？

⌂ 陨星

在世界上，有这样一群特别的追"星"族。他们与星空约下时间，追逐着价值连城的"明星"——陨星。

罗伯特·黑格，全球最权威的陨星收藏家，拥有世界上最大的私人陨星收藏，按当前市场价计算，其价值已经超过3000万美元。

黑格收集陨星的经历很像电影《夺宝奇兵》的情节，充满惊险、刺激和传奇色彩。为了寻找从天而降的财富，他的足迹遍及地球上除南极以外的所有大陆。在智利、纳米比亚、澳大利亚、墨西哥和埃及，都有他在旷野中九死一生的经历。只要获悉美国航天航空局预报在什么地方什么时候将会有流星雨，他都会在准确的时间赶到那里，无论路途有多远，无论搭乘什么交通工具。

当然，黑格收集陨星并非一帆风顺。1992年，黑格得到消息，一个阿根廷人手里有一块巨型陨星。黑格马上动身来到了阿根廷，那是一块重达37吨的陨石，

◀ 陨星与大气发生摩擦

是他一生中看到的最大的陨石。黑格的眼睛紧紧地盯着陨石，承诺只要主人同意把陨石卖给自己，要多少钱都行。终于，黑格如愿以偿，当然，也付出了一笔不小的代价。但是，就在黑格兴致勃勃地把陨石运出海关时，阿根廷政府却以走私罪名将他逮捕，因为阿根廷政府认为这块罕见的陨石应归阿根廷国家所有。几经周折，黑格被释放了，那块陨石却被永远留在了阿根廷。

有流星雨的地方可能会有陨星出现

截至20世纪90年代，全世界像黑格一样的陨星收藏家仅有200多人，这是一个由陨星收藏家、商人和陨星中介者组成的群体，被人称为追"星"族。而随着陨星价格逐年抬高，涌进来的新人也越来越多，追"星"族鱼龙混杂，再加上目前没有权威的鉴定机构和定价标准，仍旧不规范的陨星市场能否继续火热下去，谁也不敢保证。

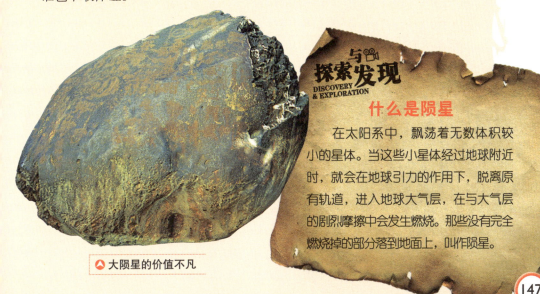

大陨星的价值不凡

探索与发现
DISCOVERY & EXPLORATION

什么是陨星

在太阳系中，飘荡着无数体积较小的星体。当这些小星体经过地球附近时，就会在地球引力的作用下，脱离原有轨道，进入地球大气层，在与大气层的剧烈摩擦中会发生燃烧。那些没有完全燃烧掉的部分落到地面上，叫作陨星。

洞窟宝藏的血腥之光

丹漠洞记录着一场怎样的残杀？
丹漠洞中为何有宝物？

爱尔兰的基尔肯尼郡风光旖旎，每年都有数十万计的游客来到这里，其首选景观就是丹漠洞。

丹漠洞之所以出名，并非因为景色秀丽，而是因为它记录了一次惨无人道的大屠杀。

公元928年，挪威海盗来到爱尔兰，对基尔肯尼附近一带进行洗劫。当时，居民在海盗袭来的前几个小时集体躲到丹漠洞中。丹漠洞是一个巨大的溶洞，洞里地形复杂，有连串的小洞穴一一相连，避难的人认为这是绝佳的藏身之地。他们幻想海盗抢完东西后就会离开。然而，丹漠洞的入口太过明显，海盗很快发现了洞中藏人的秘密，一场血腥的大屠杀开始了。海盗把所有发现的人都杀死，估计有1000多人，然后守在洞口半个月，没有当场被杀死的人后来或因感染而死、或者饿死。

在之后近千年的时间里，丹漠洞成了爱尔兰的"地狱入口"，再没有一个人敢进入洞中。直到1940年，一群考古学家对丹漠洞进行考察，仅仅

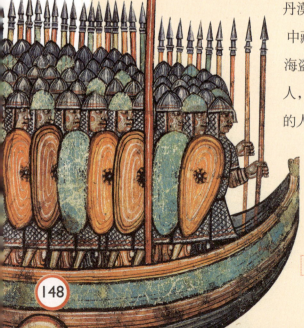

 挪威海盗

在一个小洞穴里就发现44具骸骨，多半是妇女和老人的，甚至还有未出世的胎儿的骨骼，这些骇人的骸骨证实了丹漠洞曾经发生的悲剧。1973年，爱尔兰政府将这里定为国家博物馆，以悼念那些惨遭屠杀的人。

▲ 爱尔兰国家博物馆内景

然而，丹漠洞的故事远没有结束。

1999年，一个导游偶然发现，这里不仅是黑暗历史的纪念馆，还隐藏了永恒的宝藏。

1999年冬天的一天，一个导游像往常一样打扫卫生。

寒冷的冬季是旅游淡季，丹漠洞将关闭一段时间。在一个离主路很远的小洞里，导游突然看到一块绿色的"纸片"粘在洞壁上，走上

▼ 美丽的爱尔兰每年都吸引众多游客前来参观

探索发现
DISCOVERY & EXPLORATION

著名的溶洞——猛犸洞

猛犸洞位于美国肯塔基州中部，是世界上最大的溶洞，也是世界自然遗产之一。猛犸洞内部洞穴众多，且历史悠久。关于猛犸洞有多大，至今仍是一个谜，难怪它会被以古时的长毛巨象猛犸而命名呢。

前去捡，赫然发现那根本不是什么纸片，而是什么东西从洞壁的狭缝中发出闪闪绿光。导游用手指往外抠，结果抠出一个镶嵌着绿宝石的银镯子！

导游马上将这个发现报告了相关部门，在接下来的几个月里，人们从那个狭缝中挖出了几千枚古钱币，一些银条、金条和首饰，另外还有几百枚银制纽扣。这些东西应该是当时躲藏的人随身携带的。由于洞里潮湿，挖出来的东西都失去了金属原有的夺目光彩，几十个文物专家花费了几个月时间，才让所有艺术品和钱币重现光彩。

作为爱尔兰境内最重要的宝藏，丹漠洞宝藏一直被收藏在爱尔兰国家博物馆内，虽然宝物数量有限，但其历史价值和考古价值远远超过其本身。如今，在丹漠洞中被杀害的人可以安息了，他们为之丧命的财宝已经成为爱尔兰的国宝，将永远聆听世人的惊叹和赞美。

⬆ 幽幽绿草记录着
丹漠洞的惨案

🔻 猛犸洞

"豪宅船屋"的密室宝藏

> "豪宅船屋"长什么样子?
> "豪宅船屋"与天地会有关吗?

2007年6月,考古人员在江西省抚州市黎川县的大山坳里发现了一处古建筑。这座建筑远看如船,青山在侧,傍水而建,恍如巨船乘风破浪,甚为奇特。由于鲜有历史记载,这么一座巨型豪宅,如今却成了无主之宅。到底是谁建了它,它背后又隐藏着什么秘密呢?

这座古宅的房屋结构非常复杂,屋屋相通,许多暗房迷宫似的散布着。最后,黎川县文物部门规定了统一的标准,一些储藏室和根本不能住人的小暗房一概不算,统计出的房间数字最后竟然是108间。108,梁山泊好汉,这一直是民间帮会组织效法的范本。难道这里也是某个民间神秘组织的秘密基地?

◆ 清朝末年,吸食鸦片的人很多

探索发现
DISCOVERY & EXPLORATION

天地会

天地会是清代民间秘密结社组织之一,以拜天为父拜地为母得名。天地会的创立时间说法不一,学界一般认为,天地会于乾隆二十六年(1761年)由洪二和尚创立。

一个意外的发现更透露出船屋暗藏的玄机。在清

🔺 清朝八旗旗帜

理过程中，船屋宗祠的外墙皮突然脱落，砖墙上赫然出现了一排"明"字。专家由此推断，这座船屋或许与清代以"反清复明"为旗号的秘密帮会——天地会，有着某种特殊的联系。

一波未平，一波又起。一则传言激起了人们的好奇心：船形古屋埋藏着天地会的大量宝藏。村里的老人至今还记得船屋主人为后代寻宝而留下的藏头诗中拣出的八个字："地下三尺、佑吾子荫。"但100多年来，很多人无数次在这古宅院落里"掘地三尺"，就是没有发现宝藏的踪影。

1932年时，一架飞机轰炸这里，把后面的墙炸倒了。随后，老百姓发现里面有很多牛屎一样颜色的饼，一共装了16担，后来发现这竟然是鸦片。每个箩筐按照现在的规格算，一担是80千克。如果按照现在的价格，1千克黄金大概能买10千克鸦片，这样算起来，这批鸦片也值不少钱了。如果按照清朝时候的价格算，数目将会更大。

由此，一些专家认为，比较合理的解释是：船屋中那一排排整齐划一、结构相同的房舍，实际上就是天地会秘密联络、聚会的

◀ "大夫第"指士大夫的门第。据说，豪宅船屋正门石匾上也写有"大夫第"字样

地方，同时也是天地会财富保存和中转的据点。

直到有一天，船屋中发生了一件离奇的怪事，这个隐藏了近200年的秘密才终于被揭开。每年4月，江西进入雨季，从来不漏雨的宗祠竟漏起雨来，村委会决定派人检修。工匠爬上梯子，轻轻地将天花板一块块地打开。突然，他连滚带爬地从楼梯上跑下来，连声惊叫："蛇、蛇、大黑蛇！"天花板上怎么会有蛇？随后，村里找来胆子大的人，仔细观察，原来是一幅壁画，左右两边各有一条飞龙，中间是一座宝鼎！这幅"双龙争鼎图"是用黑墨绘成，左右两龙口含明珠、双目如炬，争夺居中的宝鼎。在中国古代，龙是真命天子的形象，宝鼎更是帝王权力的象征，平民百姓家中不得私自刻画。当两条龙飞上同一架屋梁的时候，屋主人与大清王朝争锋的雄心也就跃然而出了。船屋选择坐西朝东，船头指向北方，那正是清廷所在的方向，巨船行驶的方向与身边这条红水河的流向刚好相反，犹如逆水行舟，正因为如此，才需要同舟共济。

108间房屋的结论，并没有包括储藏室和一些暗室，船屋结构如此复杂，暗房像迷宫一样遍布，那么，可以断定，绝对有为数不少的暗房还没有被发现，而宝藏的入口也许就隐藏在那里面。只是自古以来，藏宝人都是智慧非凡的人，往往故布迷阵，令后人不明所以，而宅主"反清复明"的志向也和密室里的宝藏一起凝固在这座奇特的建筑中了。

美丽的江西不知藏有多少古建筑

图书在版编目（CIP）数据

你不可不知的宝藏之谜／龚勋主编. —汕头：汕
头大学出版社，2018.1（2025.6重印）
（少年探索发现系列）
ISBN 978-7-5658-3253-6

Ⅰ．①你… Ⅱ．①龚… Ⅲ．①历史文物—世界—少年
读物 Ⅳ．①K86-49

中国版本图书馆CIP数据核字（2017）第309815号

少▷年▷探▷索▷发▷现▷系▷列
EXPLORATION READING FOR STUDENTS

你不可不知的
宝藏之谜

NI BUKE BUZHI DE BAOZANG ZHI MI

总 策 划	邢 涛
主 编	龚 勋
责任编辑	汪艳蕾
责任技编	黄东生
出版发行	汕头大学出版社
	广东省汕头市大学路243号
	汕头大学校园内
邮政编码	515063
电 话	0754-82904613
印 刷	水印书香（唐山）印刷有限公司
开 本	720mm×1000mm 1/16
印 张	10
字 数	150千字
版 次	2018年1月第1版
印 次	2025年6月第8次印刷
定 价	19.80元
书 号	ISBN 978-7-5658-3253-6